CATALOGUE

LA
COLLECTION SPITZER

PARIS 1893

LA
COLLECTION SPITZER

PARIS — IMPRIMERIE DE L'ART

E. Ménard et Cⁱᵉ, 41, rue de la Victoire.

RÉSUMÉ
DU
CATALOGUE
DES
OBJETS D'ART
ET DE
HAUTE CURIOSITÉ
Antiques, du Moyen-Age et de la Renaissance

Composant l'importante et précieuse

COLLECTION SPITZER

DONT LA VENTE PUBLIQUE AURA LIEU

A PARIS

33, RUE DE VILLEJUST, 33
(AVENUE VICTOR-HUGO)

Du Lundi 17 Avril au Vendredi 16 Juin 1893

A DEUX HEURES

Mᵉ PAUL CHEVALLIER	M. CHARLES MANNHEIM
COMMISSAIRE-PRISEUR	EXPERT
10, rue Grange-Batelière, 10	7, rue Saint-Georges, 7

EXPOSITIONS

PARTICULIÈRE : *Les Mercredi 12 et Jeudi 13 Avril 1893*
PUBLIQUE : *Les Vendredi 14 et Samedi 15 Avril 1893*
DE 1 HEURE A 5 HEURES 1/2

CONDITIONS DE LA VENTE

Elle sera faite *expressément* au comptant.

Les acquéreurs payeront CINQ POUR CENT en sus des adjudications, applicables aux frais de la vente.

L'exposition mettant le public à même de se rendre compte de l'état des objets, il ne sera admis aucune réclamation une fois l'adjudication prononcée.

Les Objets compris dans chacune des vacations seront visibles le matin jusqu'à midi.

ORDRE DES VACATIONS[*]

Le Lundi 17 Avril 1893

Ivoires.....	Nos	111 à 113 — 127 à 135 160 à 165
Orfèvrerie religieuse....	Nos	240 — 245 — 266 à 271 299 — 323 — 324 — 335 369 à 371 — 381 à 383
Émaux peints.	Nos	421 — 422 — 444 à 446 476 à 479 — 513 — 540 à 543 — 567 à 572
Bronzes.....	Nos	1446 à 1468

Le Mardi 18 Avril 1893

Ivoires.....	Nos	48 à 62 — 91 à 93 — 103 à 105
Orfèvrerie religieuse....	Nos	239 — 252 à 255 — 300 à 302 — 358 à 364 — 384 à 387
Émaux peints.	Nos	417 — 418 — 438 à 440 468 à 471 — 508 à 511 536 à 538 — 566
Bronzes....	Nos	1469 à 1495 *ter.*

[*] N. B. L'ordre numérique ne sera pas suivi.

Le Mercredi 19 Avril 1893

Antiques....	Nos	1 à 35.
Ivoires.....	Nos	70 à 72 — 94 à 102 — 136 à 138
Orfèvrerie religieuse....	Nos	238 — 246 à 249 — 280 à 282 — 309 — 310 — 337 — 365 à 368
Émaux peints.	Nos	433 — 434 — 462 à 464 500 à 503 — 528 à 531 — 564

Le Jeudi 20 Avril 1893

Ivoires.....	Nos	67 à 69 — 73 — 74 — 169 à 175 — 206 à 210
Orfèvrerie religieuse....	Nos	211 à 214 — 227 à 229 283 à 285 — 291 à 293 297 — 298
Émaux peints.	Nos	431 — 432 — 459 à 461 496 à 499 — 524 à 527 563 — 578 à 583 — 588
Dinanderie...	Nos	968 à 989

Le Vendredi 21 Avril 1893

Ivoires.....	Nos	63 à 66 — 81 à 88
Orfèvrerie religieuse....	Nos	215 à 220 — 224 — 232 233 — 241 — 242 — 286 à 290 — 294 à 296 306 à 308
Émaux peints.	Nos	419 — 420 — 441 à 443 472 à 475 — 512 — 539 546 à 551 — 585 à 587
Bois sculptés.	Nos	764 à 784 — 793 à 798

Le Lundi 24 Avril 1893

Ivoires......	Nos 36 à 47 — 75 à 80
Orfèvrerie religieuse....	Nos 256 à 260 — 276 à 279 314 à 318 — 334 — 344 à 346
Émaux peints.	Nos 427 — 428 — 453 à 455 484 — 487 à 489 — 519 à 521 — 557 à 561
Cuirs.......	Nos 849 à 873

Le Mardi 25 Avril 1893

Ivoires......	Nos 117 à 126 — 144 à 148 166 à 168
Orfèvrerie religieuse....	Nos 221 à 223 — 225 — 226 235 — 319 — 320 — 325 326 — 347 à 352 — 376 — 377
Émaux peints.	Nos 425 — 426 — 450 à 452 485 — 486 — 490 — 491 516 à 518 — 552 à 556
Cuirs.......	Nos 799 à 804 — 830 à 848

Le Mercredi 26 Avril 1893

Ivoires......	Nos 89 — 90 — 106 à 110 149 à 159
Orfèvrerie religieuse....	Nos 230 — 231 — 234 — 321 322 — 330 à 333 — 336 372 à 375 — 388 à 393
Émaux peints.	Nos 429 — 430 — 456 à 458 492 à 495 — 522 — 523 562 — 575 à 577
Cuirs.......	Nos 805 à 829

Le Jeudi 27 Avril 1893

Ivoires.....	Nos 114 à 116 — 139 à 143 176 à 185
Orfèvrerie religieuse....	Nos 236 — 237 — 250 — 251 272 à 275 — 311 à 313 — 338 — 353 à 357 — 378 à 380
Émaux peints.	Nos 423 — 424 — 447 à 449 480 à 483 — 514 — 515 544 — 545 — 573 — 574 — 584
Bois sculpté..	Nos 744 à 747 — 749 à 763 785 à 792

Le Vendredi 28 Avril 1893

Ivoires.....	Nos 186 à 205
Orfèvrerie religieuse....	Nos 243 — 244 — 261 à 265 303 à 305 — 327 à 329 339 à 343
Tapisseries...	Nos 394 à 398
Émaux peints.	Nos 435 à 437 — 465 à 467 504 à 507 — 532 à 535 — 565
Meubles	Nos 681 à 684 — 690 à 693 701 à 704 — 717 à 722 — 730 — 731

Le Lundi 8 Mai 1893

Médailles italiennes...... Nos 1301 à 1397

Le Mardi 9 Mai 1893

Médailles allemandes..... Nos 1398 à 1428

Médailles françaises. . . . . . . Nos 1429 à 1445
Plaquettes . . . . Nos 1496 à 1531

Le Mercredi 10 Mai 1893

Plaquettes . . . . Nos 1532 à 1614

Le Lundi 15 Mai 1893

Faïences de Pa-
   lissy . . . . . Nos 589 à 592 — 601 à 606
                611 à 618 — 627 à 631
                634 à 637 — 643 à 646
                651 à 656
Faïences de Saint-Porchaire. . Nos 662 à 668
Faïences italiennes. . . . . . . Nos 1036 à 1080

Le Mardi 16 Mai 1893

Faïences de Pa-
   lissy . . . . . Nos 593 à 600 — 607 à 610
                619 à 626 — 632 à 633
                638 à 642 — 647 à 650
                657 à 661
Faïences italiennes. . . . . . . Nos 1081 à 1126
Terres cuites. . . . . Nos 1287 — 1288
                                    1290 à 1300

Le Mercredi 17 Mai 1893

Faïences orientales . . . . . . Nos 990 à 1017
Faïences hispano-moresques. Nos 1018 à 1035
Faïences italiennes. . . . . . . Nos 1127 à 1160
Verrerie . . . . Nos 1969 à 1976
Cuivres d'Orient. . . . . Nos 3345 à 3348

Le Jeudi 18 Mai 1893

Faïences italiennes . . . . Nos 1161 à 1216
Faïences et Grès. . . . . Nos 1615 à 1657

Le Vendredi 19 Mai 1893

Tapisseries. . . Nos 399 à 402 — 411 — 412
Meubles . . . . Nos 672 — 676 — 678 — 680
— 694 — 695 — 706 —
707 — 713 — 714 — 716
— 723 — 724 — 733 —
737 — 738 — 739
Faïences italiennes. . . . . Nos 1217 à 1260
Faïences et Grès. . . . . Nos 1658 à 1700

Le Mardi 23 Mai 1893

Bijoux. . . . . Nos 1786 à 1803
Bagues. . . . . Nos 1938 à 1952
Sculptures en buis et en pierre
  de Munich . . . . Nos 2296 à 2314
Pierres dures. . . . . Nos 2593 à 2601

Le Mercredi 24 Mai 1893

Bijoux . . . . Nos 1804 à 1821
Bagues. . . . . Nos 1923 à 1937
Sculptures en buis et en pierre
  de Munich . . . . Nos 2277 à 2295
Pierres dures. . . . . Nos 2602 à 2610

Le Jeudi 25 Mai 1893

Bijoux. . . . . Nos 1822 à 1839
Bagues. . . . . Nos 1907 à 1922
Sculptures en bois. . . . . Nos 2258 à 2276
Pierres dures . . . . Nos 2611 à 2619

Le Vendredi 26 Mai 1893

Bijoux	Nos 1840 à 1857
Bagues	Nos 1891 à 1906
Sculptures en bois	Nos 2238 à 2257
Pierres dures	Nos 2620 à 2627

Le Samedi 27 Mai 1893

Bijoux	Nos 1858 à 1874
Bagues	Nos 1875 à 1890
Sculptures en bois et pâte	Nos 2217 à 2237
Pierres dures	Nos 2628 à 2638

Le Lundi 29 Mai 1893

Orfèvrerie civile	Nos 1701 à 1725
Verrerie	Nos 2061 à 2084 *bis*
Peintures sur verre et sur cristal de roche	Nos 2085 à 2122
Sculptures en bois et pâte	Nos 2198 à 2216

Le Mardi 30 Mai 1893

Orfèvrerie civile	Nos 1726 à 1740
Verrerie	Nos 2037 à 2060
Sculptures en bois et pâte	Nos 2179 à 2197
Cires	Nos 2953 à 2980

Le Mercredi 31 Mai 1893

Orfèvrerie civile	Nos 1741 à 1755
Verrerie	Nos 2017 à 2036
Sculptures en bois	Nos 2160 à 2178
Miniatures	Nos 3259 à 3303

Le Jeudi 1er Juin 1893

Orfèvrerie civile. . . . . Nos 1756 à 1770
Verrerie . . . . Nos 1997 à 2016
Sculptures en bois. . . . . . . Nos 2142 à 2159
Manuscrits. . . . . Nos 3003 à 3045

Le Vendredi 2 Juin 1893

Orfèvrerie civile. . . . . Nos 1771 à 1785
Verrerie . . . . Nos 1977 à 1996
Sculptures en bois. . . . . . . Nos 2123 à 2141
Tableaux. . . . . Nos 3304 à 3344

Le Lundi 5 Juin 1893

Horloges. . . . . Nos 2639 à 2663
Montres. . . . . Nos 2743 à 2759
Instruments de mathématiques Nos 2760 à 2808

Le Mardi 6 Juin 1893

Horloges. . . . . Nos 2664 à 2688
Montres. . . . . Nos 2726 à 2742
Instruments de mathématiques Nos 2809 à 2857

Le Mercredi 7 Juin 1893

Ferronnerie . . . . Nos 2573 à 2592
Horloges. . . . . Nos 2689 à 2708
Montres. . . . . Nos 2709 à 2725
Instruments de mathématiques Nos 2858 à 2905

Le Jeudi 8 Juin 1893

Serrures. . . . . Nos 874 à 906
Clefs . . . . Nos 907 à 967

Le Vendredi 9 Juin 1893

Meubles..... Nos 671 — 675 — 677 — 685
— 686 — 689 — 696 — 697 — 708 — 709
— 725 — 726 — 735 — 736 — 740 — 741
Ferronnerie . . . . Nos 2530 à 2572
Instruments de mathématiques Nos 2906 à 2952

Le Lundi 12 Juin 1893

Coutellerie. . . . . Nos 2315 à 2367
Étoffes et broderies . . . . . . Nos 3205 à 3258

Le Mardi 13 Juin 1893

Coutellerie. . . . . Nos 2368 à 2423
Étoffes et broderies . . . . . . Nos 3150 à 3204

Le Mercredi 14 Juin 1893

Coutellerie. . . . . Nos 2424 à 2476
Étoffes et broderies . . . . . . Nos 3095 à 3149

Le Jeudi 15 Juin 1893

Coutellerie. . . . . Nos 2477 à 2529
Étoffes et broderies . . . . . . Nos 3046 à 3094

Le Vendredi 16 Juin 1893

Tapisseries. . . . Nos 403 à 410 — 413 à 416
Meubles et bois sculptés. . Nos 669 — 670 —
673 — 674 — 679 — 687 — 688 — 698 à 700
— 705 — 710 à 712 — 715 — 727 à 729 —
732 — 734 — 742 — 743 — 748
Marbres et pierres. . . . . . . Nos 1261 à 1286
Terre cuite. . . . . No 1289

Vitraux.	Nos 1953 à 1968
Coffrets.	Nos 2981 à 2987
Jeux	Nos 2988 à 3002
Vitraux (supplément).	Nos 3349 à 3369

LISTE NUMÉRIQUE
AVEC RENVOI AUX JOURS DE VENTE

Nos 1 à 35 — Le Mercredi 19 Avril
36 à 47 — Le Lundi 24 Avril
48 à 62 — Le Mardi 18 Avril
63 à 66 — Le Vendredi 21 Avril
67 à 69 — Le Jeudi 20 Avril
70 à 72 — Le Mercredi 19 Avril
73 — 74 — Le Jeudi 20 Avril
75 à 80 — Le Lundi 24 Avril
81 à 88 — Le Vendredi 21 Avril
89 — 90 — Le Mercredi 26 Avril
91 à 93 — Le Mardi 18 Avril
94 à 102 — Le Mercredi 19 Avril
103 à 105 — Le Mardi 18 Avril
106 à 110 — Le Mercredi 26 Avril
111 à 113 — Le Lundi 17 Avril
114 à 116 — Le Jeudi 27 Avril
117 à 126 — Le Mardi 25 Avril
127 à 135 — Le Lundi 17 Avril
136 à 138 — Le Mercredi 19 Avril
139 à 143 — Le Jeudi 27 Avril

Nos 144 à 148 — Le Mardi 25 Avril
149 à 159 — Le Mercredi 26 Avril
160 à 165 — Le Lundi 17 Avril
166 à 168 — Le Mardi 25 Avril
169 à 175 — Le Jeudi 20 Avril
176 à 185 — Le Jeudi 27 Avril
186 à 205 — Le Vendredi 28 Avril
206 à 214 — Le Jeudi 20 Avril
215 à 220 — Le Vendredi 21 Avril
221 à 223 — Le Mardi 25 Avril
224 — Le Vendredi 21 Avril
225 — 226 — Le Mardi 25 Avril
227 à 229 — Le Jeudi 20 Avril
230 — 231 — Le Mercredi 26 Avril
232 — 233 — Le Vendredi 21 Avril
234 — Le Mercredi 26 Avril
235 — Le Mardi 25 Avril
236 — 237 — Le Jeudi 27 Avril
238 — Le Mercredi 19 Avril
239 — Le Mardi 18 Avril
240 — Le Lundi 17 Avril
241 — 242 — Le Vendredi 21 Avril
243 — 244 — Le Vendredi 28 Avril
245 — Le Lundi 17 Avril
246 à 249 — Le Mercredi 19 Avril
250 — 251 — Le Jeudi 27 Avril
252 à 255 — Le Mardi 18 Avril
256 à 260 — Le Lundi 24 Avril
261 à 265 — Le Vendredi 28 Avril

Nos 266 à 271 — Le Lundi 17 Avril
272 à 275 — Le Jeudi 27 Avril
276 à 279 — Le Lundi 24 Avril
280 à 282 — Le Mercredi 19 Avril
283 à 285 — Le Jeudi 20 Avril
286 à 290 — Le Vendredi 21 Avril
291 à 293 — Le Jeudi 20 Avril
294 à 296 — Le Vendredi 21 Avril
297 — 298 — Le Jeudi 20 Avril
299 — Le Lundi 17 Avril
300 à 302 — Le Mardi 18 Avril
303 à 305 — Le Vendredi 28 Avril
306 à 308 — Le Vendredi 21 Avril
309 — 310 — Le Mercredi 19 Avril
311 à 313 — Le Jeudi 27 Avril
314 à 318 — Le Lundi 24 Avril
319 — 320 — Le Mardi 25 Avril
321 — 322 — Le Mercredi 26 Avril
323 — 324 — Le Lundi 17 Avril
325 — 326 — Le Mardi 25 Avril
327 à 329 — Le Vendredi 28 Avril
330 à 333 — Le Mercredi 26 Avril
334 — Le Lundi 24 Avril
335 — Le Lundi 17 Avril
336 — Le Mercredi 26 Avril
337 — Le Mercredi 19 Avril
338 — Le Jeudi 27 Avril
339 à 343 — Le Vendredi 28 Avril
344 à 346 — Le Lundi 24 Avril

Nos 347 à 352 — Le Mardi 25 Avril
353 à 357 — Le Jeudi 27 Avril
358 à 364 — Le Mardi 18 Avril
365 à 368 — Le Mercredi 19 Avril
369 à 371 — Le Lundi 17 Avril
372 à 375 — Le Mercredi 26 Avril
376 — 377 — Le Mardi 25 Avril
378 à 380 — Le Jeudi 27 Avril
381 à 383 — Le Lundi 17 Avril
384 à 387 — Le Mardi 18 Avril
388 à 393 — Le Mercredi 26 Avril
394 à 398 — Le Vendredi 28 Avril
399 à 402 — Le Vendredi 19 Mai
403 à 410 — Le Vendredi 16 Juin
411 — 412 — Le Vendredi 19 Mai
413 à 416 — Le Vendredi 16 Juin
417 — 418 — Le Mardi 18 Avril
419 — 420 — Le Vendredi 21 Avril
421 — 422 — Le Lundi 17 Avril
423 — 424 — Le Jeudi 27 Avril
425 — 426 — Le Mardi 25 Avril
427 — 428 — Le Lundi 24 Avril
429 — 430 — Le Mercredi 26 Avril
431 — 432 — Le Jeudi 20 Avril
433 — 434 — Le Mercredi 19 Avril
435 à 437 — Le Vendredi 28 Avril
438 à 440 — Le Mardi 18 Avril
441 à 443 — Le Vendredi 21 Avril
444 à 446 — Le Lundi 17 Avril

Nos 447 à 449 — Le Jeudi 27 Avril
450 à 452 — Le Mardi 25 Avril
453 à 455 — Le Lundi 24 Avril
456 à 458 — Le Mercredi 26 Avril
459 à 461 — Le Jeudi 20 Avril
462 à 464 — Le Mercredi 19 Avril
465 à 467 — Le Vendredi 28 Avril
468 à 471 — Le Mardi 18 Avril
472 à 475 — Le Vendredi 21 Avril
476 à 479 — Le Lundi 17 Avril
480 à 483 — Le Jeudi 27 Avril
484 — Le Lundi 24 Avril
485 — 486 — Le Mardi 25 Avril
487 à 489 — Le Lundi 24 Avril
490 — 491 — Le Mardi 25 Avril
492 à 495 — Le Mercredi 26 Avril
496 à 499 — Le Jeudi 20 Avril
500 à 503 — Le Mercredi 19 Avril
504 à 507 — Le Vendredi 28 Avril
508 à 511 — Le Mardi 18 Avril
512 — Le Vendredi 21 Avril
513 — Le Lundi 17 Avril
514 — 515 — Le Jeudi 27 Avril
516 à 518 — Le Mardi 25 Avril
519 à 521 — Le Lundi 24 Avril
522 — 523 — Le Mercredi 26 Avril
524 à 527 — Le Jeudi 20 Avril
528 à 531 — Le Mercredi 19 Avril
532 à 535 — Le Vendredi 28 Avril

Nos 536 à 538 — Le Mardi 18 Avril
539 — Le Vendredi 21 Avril
540 à 543 — Le Lundi 17 Avril
544 — 545 — Le Jeudi 27 Avril
546 à 551 — Le Vendredi 21 Avril
552 à 556 — Le Mardi 25 Avril
557 à 561 — Le Lundi 24 Avril
562 — Le Mercredi 26 Avril
563 — Le Jeudi 20 Avril
564 — Le Mercredi 19 Avril
565 — Le Vendredi 28 Avril
566 — Le Mardi 18 Avril
567 à 572 — Le Lundi 17 Avril
573 — 574 — Le Jeudi 27 Avril
575 à 577 — Le Mercredi 26 Avril
578 à 583 — Le Jeudi 20 Avril
584 — Le Jeudi 27 Avril
585 à 587 — Le Vendredi 21 Avril
588 — Le Jeudi 20 Avril
589 à 592 — Le Lundi 15 Mai
593 à 600 — Le Mardi 16 Mai
601 à 606 — Le Lundi 15 Mai
607 à 610 — Le Mardi 16 Mai
611 à 618 — Le Lundi 15 Mai
619 à 626 — Le Mardi 16 Mai
627 à 631 — Le Lundi 15 Mai
632 — 633 — Le Mardi 16 Mai
634 à 637 — Le Lundi 15 Mai
638 à 642 — Le Mardi 16 Mai

Nos 643 à 646 — Le Lundi 15 Mai
647 à 650 — Le Mardi 16 Mai
651 à 656 — Le Lundi 15 Mai
657 à 661 — Le Mardi 16 Mai
662 à 668 — Le Lundi 15 Mai
669 — 670 — Le Vendredi 16 Juin
671 — Le Vendredi 9 Juin
672 — Le Vendredi 19 Mai
673 — 674 — Le Vendredi 16 Juin
675 — Le Vendredi 9 Juin
676 — Le Vendredi 19 Mai
677 — Le Vendredi 9 Juin
678 — Le Vendredi 19 Mai
679 — Le Vendredi 16 Juin
680 — Le Vendredi 19 Mai
681 à 684 — Le Vendredi 28 Avril
685 — 686 — Le Vendredi 9 Juin
687 — 688 — Le Vendredi 16 Juin
689 — Le Vendredi 9 Juin
690 à 693 — Le Vendredi 28 Avril
694 — 695 — Le Vendredi 19 Mai
696 — 697 — Le Vendredi 9 Juin
698 à 700 — Le Vendredi 16 Juin
701 à 704 — Le Vendredi 28 Avril
705 — Le Vendredi 16 Juin
706 — 707 — Le Vendredi 19 Mai
708 — 709 — Le Vendredi 9 Juin
710 à 712 — Le Vendredi 16 Juin
713 — 714 — Le Vendredi 19 Mai

N^{os}   715 — Le Vendredi 16 Juin
                716 — Le Vendredi 19 Mai
717 à   722 — Le Vendredi 28 Avril
723 —   724 — Le Vendredi 19 Mai
725 —   726 — Le Vendredi 9 Juin
727 à   729 — Le Vendredi 16 Juin
730 —   731 — Le Vendredi 28 Avril
        732 — Le Vendredi 16 Juin
        733 — Le Vendredi 19 Mai
        734 — Le Vendredi 16 Juin
735 —   736 — Le Vendredi 9 Juin
737 à   739 — Le Vendredi 19 Mai
740 —   741 — Le Vendredi 9 Juin
742 —   743 — Le Vendredi 16 Juin
744 à   747 — Le Jeudi 27 Avril
        748 — Le Vendredi 16 Juin
749 à   763 — Le Jeudi 27 Avril
764 à   784 — Le Vendredi 21 Avril
785 à   792 — Le Jeudi 27 Avril
793 à   798 — Le Vendredi 21 Avril
799 à   804 — Le Mardi 25 Avril
805 à   829 — Le Mercredi 26 Avril
830 à   848 — Le Mardi 25 Avril
849 à   873 — Le Lundi 24 Avril
874 à   967 — Le Jeudi 8 Juin
968 à   989 — Le Jeudi 20 Avril
990 à   1035 — Le Mercredi 17 Mai
1036 à 1080 — Le Lundi 15 Mai
1081 à 1126 — Le Mardi 16 Mai

Nos 1127 à 1160 — Le Mercredi 17 Mai
1161 à 1216 — Le Jeudi 18 Mai
1217 à 1260 — Le Vendredi 19 Mai
1261 à 1286 — Le Vendredi 16 Juin
1287 — 1288 — Le Mardi 16 Mai
1289 — Le Vendredi 16 Juin
1290 à 1300 — Le Mardi 16 Mai
1301 à 1397 — Le Lundi 8 Mai
1398 à 1445 — Le Mardi 9 Mai
1446 à 1468 — Le Lundi 17 Avril
1469 à 1495 *ter* — Le Mardi 18 Avril
1496 à 1531 — Le Mardi 9 Mai
1532 à 1614 — Le Mercredi 10 Mai
1615 à 1657 — Le Jeudi 18 Mai
1658 à 1700 — Le Vendredi 19 Mai
1701 à 1725 — Le Lundi 29 Mai
1726 à 1740 — Le Mardi 30 Mai
1741 à 1755 — Le Mercredi 31 Mai
1756 à 1770 — Le Jeudi 1er Juin
1771 à 1785 — Le Vendredi 2 Juin
1786 à 1803 — Le Mardi 23 Mai
1804 à 1821 — Le Mercredi 24 Mai
1822 à 1839 — Le Jeudi 25 Mai
1840 à 1857 — Le Vendredi 26 Mai
1858 à 1890 — Le Samedi 27 Mai
1891 à 1906 — Le Vendredi 26 Mai
1907 à 1922 — Le Jeudi 25 Mai
1923 à 1937 — Le Mercredi 24 Mai
1938 à 1952 — Le Mardi 23 Mai

Nos 1953 à 1968 — Le Vendredi 16 Juin
1969 à 1976 — Le Mercredi 17 Mai
1977 à 1996 — Le Vendredi 2 Juin
1997 à 2016 — Le Jeudi 1er Juin
2017 à 2036 — Le Mercredi 31 Mai
2037 à 2060 — Le Mardi 30 Mai
2061 à 2122 — Le Lundi 29 Mai
2123 à 2141 — Le Vendredi 2 Juin
2142 à 2159 — Le Jeudi 1er Juin
2160 à 2178 — Le Mercredi 31 Mai
2179 à 2197 — Le Mardi 30 Mai
2198 à 2216 — Le Lundi 29 Mai
2217 à 2237 — Le Samedi 27 Mai
2238 à 2257 — Le Vendredi 26 Mai
2258 à 2276 — Le Jeudi 25 Mai
2277 à 2295 — Le Mercredi 24 Mai
2296 à 2314 — Le Mardi 23 Mai
2315 à 2367 — Le Lundi 12 Juin
2368 à 2423 — Le Mardi 13 Juin
2424 à 2476 — Le Mercredi 14 Juin
2477 à 2529 — Le Jeudi 15 Juin
2530 à 2572 — Le Vendredi 9 Juin
2573 à 2592 — Le Mercredi 7 Juin
2593 à 2601 — Le Mardi 23 Mai
2602 à 2610 — Le Mercredi 24 Mai
2611 à 2619 — Le Jeudi 25 Mai
2620 à 2627 — Le Vendredi 26 Mai
2628 à 2638 — Le Samedi 27 Mai
2639 à 2663 — Le Lundi 5 Juin

Nos 2664 à 2688 — Le Mardi 6 Juin
2689 à 2725 — Le Mercredi 7 Juin
2726 à 2742 — Le Mardi 6 Juin
2743 à 2808 — Le Lundi 5 Juin
2809 à 2857 — Le Mardi 6 Juin
2858 à 2905 — Le Mercredi 7 Juin
2906 à 2952 — Le Vendredi 9 Juin
2953 à 2980 — Le Mardi 30 Mai
2981 à 3002 — Le Vendredi 16 Juin
3003 à 3045 — Le Jeudi 1er Juin
3046 à 3094 — Le Jeudi 15 Juin
3095 à 3149 — Le Mercredi 14 Juin
3150 à 3204 — Le Mardi 13 Juin
3205 à 3258 — Le Lundi 12 Juin
3259 à 3303 — Le Mercredi 31 Mai
3304 à 3344 — Le Vendredi 2 Juin
3345 à 3348 — Le Mercredi 17 Mai
3349 à 3369 — Le Vendredi 16 Juin

DÉSIGNATION DES OBJETS

ANTIQUES

1 — Naissance de Vénus. — Terre cuite grecque.
2 — Amour et jeune fille. — Terre cuite grecque.
3 — Femme en deuil. — Terre cuite grecque.
4 — Léda et le cygne. — Terre cuite grecque.
5 — Jeune Mère allaitant son enfant. — Terre cuite grecque.
6 — Pan et Selene. — Terre cuite grecque.
7 — Rapt de Ganymède. — Terre cuite grecque.
8 — Vénus dans une coquille. — Terre cuite grecque.
9 — Sapho. — Terre cuite grecque.
10 — Jeune fille nouant sa sandale. — Terre cuite grecque.
11 — Pan et Nymphe. — Terre cuite grecque.

12 — Hercule et le Centaure Eurytion. — Terre cuite grecque.

13 — Centaure et Jeune fille. — Terre cuite grecque.

14 — Éphèbe asiatique devant une jeune fille. — Terre cuite grecque.

15 — Jeunes Femmes à leur toilette. — Terre cuite grecque.

16 — Junon dans un bige de paons. — Terre cuite grecque.

17 — La Barque de Charon. — Terre cuite grecque.

18 — Thétis et Pélée. — Terre cuite grecque.

19 — Joueuse de lyre. — Terre cuite grecque.

20 — Cérès. — Terre cuite grecque.

21 — Une Nourrice. — Terre cuite grecque.

22 — Lion. — Figurine en bronze.

23 — Ciste latine de Palestrina. — Bronze.

24 — Vénus de Syrie. — Figurine en bronze.

25 — Vénus. — Figurine en bronze.

26 — Vénus et Amour. — Groupe en bronze.

27 — Vénus déliant sa sandale. — Figurine en bronze.

28 — Miroir étrusque. — Scène de toilette. Bronze.

29 — Miroir étrusque. — Apollon, Vénus et les Pénates troyens. — Bronze.

30 — Miroir étrusque. — Persée chez les Grées. Bronze.

31 — Casque grec en bronze.

32 — Balance en bronze. — Époque romaine.

33 — Verre phénicien.

34 — Balsamaire en verre bleu.

35 — Coupe en verre.

IVOIRES

36 — Plaque de coffret. 5e siècle.

37 — Feuillet de diptyque. 6e siècle.

38 — Feuillet de diptyque. 6e siècle.

39 — Coffret. — Os. Travail byzantin. 8e ou 9e siècle.

40 — Coffret. — Travail byzantin. 8e ou 9e siècle.

41 — Coffret. — Os. Travail byzantin. 8e ou 9e siècle.

42 — Peigne. — Travail byzantin. 8e ou 9e siècle.

43 — Plaque de reliure. — Travail carolingien. 9e siècle.

44 — Peigne liturgique. — Ivoire incrusté de verroteries cloisonnées. Travail carolingien. 9e siècle.

45 — Couverture de lectionnaire. — Travail carolingien. 9e siècle.

46 — Plaque de reliure. — Travail carolingien. 9ᵉ ou 10ᵉ siècle.

47 — Plaque de reliure. — Travail carolingien. 9ᵉ siècle.

48 — Plaque de reliure. — Travail carolingien. 9ᵉ siècle.

49 — Coffret. — Os. Travail italien. 10ᵉ siècle.

50 — Triptyque. — Travail byzantin. 10ᵉ siècle.

51 — Plaque de reliure. — Travail carolingien. 9ᵉ ou 10ᵉ siècle.

52 — Triptyque. — Travail byzantin. 10ᵉ siècle.

53 — Plaque de reliure. — Travail byzantin. 10ᵉ siècle.

54 — Plaque de reliure. — Ivoire byzantin. 10ᵉ siècle. Ivoire, orfèvrerie et émaux allemands. 12ᵉ siècle.

55 — Coffret. — Travail arabe. 11ᵉ siècle?

56 — Plaque de reliure. — Travail allemand. 11ᵉ siècle.

57 — Cor. — Travail allemand. 11ᵉ siècle.

58 — Plaque de reliure. 11ᵉ siècle.

59 — Plaque. — Travail français. 11ᵉ siècle.

60 — Autel portatif. — Orfèvrerie, ivoires et émaux. Travail allemand. 11ᵉ siècle.

61 — Plaque de reliure.

62 — Plaque de reliure. — Travail allemand. 11ᵉ siècle.

63 — Couverture d'évangéliaire. — Travail espagnol. 11ᵉ siècle.

64 — Pion d'échiquier. — Travail français ou allemand. 11ᵉ siècle.

65 — Cor. — 12ᵉ siècle.

66 — Plaque. — Travail français. — Fin du 11ᵉ siècle ou commencement du 12ᵉ siècle.

67 — Plaque de reliure. — Travail allemand 12ᵉ siècle.

68 — Plaque de reliure. — Travail byzantin. 12ᵉ siècle.

69 — Crosse. — Travail français. 12ᵉ siècle.

70 — Crosse. — Travail italien. 13ᵉ siècle.

71 — La Vierge et l'Enfant Jésus. — Travail français. Deuxième moitié du 13ᵉ siècle.

72 — La Vierge et l'Enfant Jésus. — Travail français. 13ᵉ siècle.

73 — La Vierge et l'Enfant Jésus. — Travail français. 13ᵉ siècle.

74 — La Vierge et l'Enfant Jésus. — Travail français. Fin du 13ᵉ siècle.

75 — Plaque. — Travail byzantin. 13ᵉ siècle.

76 — Arçon de selle. — 13ᵉ siècle.

77 — Troussequin de selle. — Travail espagnol ou italien. Fin du 13e ou commencement du 14e siècle.

78 — Volet de polyptyque. — Travail français. Fin du 13e ou commencement du 14e siècle.

79 — La Vierge et l'Enfant Jésus. — Travail français, Fin du 13e ou commencement du 14e siècle.

80 — La Vierge et l'Enfant Jésus. — Travail français.

81 — La Vierge et l'Enfant Jésus. — Travail français. Fin du 13e ou commencement du 14e siècle.

82 — Polyptyque. — Travail français. Commencement du 14e siècle.

83 — Triptyque. — Travail français. Commencement du 14e siècle.

84 — Boîte de miroir. — Travail francais. 14e siècle.

85 — La Vierge et l'Enfant Jésus. — Travail français. 14e siècle.

86 — Boîte de miroir. — Travail français. 14e siècle.

87 — Boîte de miroir. — Travail français. Commencement du 14e siècle.

88 — Boîte de miroir. — Travail français. 14e siècle.

89 — La Vierge et l'Enfant Jésus. — Travail français. Commencement du 14e siècle.

90 — La Vierge et l'Enfant Jésus. — Travail français. Commencement du 14e siècle.

91 — Triptyque. — Travail français. 14e siècle.

92 — Triptyque. — Travail français. 14e siècle.

93 — Boîte de miroir. — Travail français.

94 — Boîte de miroir. — Travail français. 14e siècle.

95 — Triptyque. — Travail français. 14e siècle.

96 — Diptyque. — Travail français. 14e siècle.

97 — Boîte de miroir. — Travail français. 14e siècle.

98 — Triptyque. — Travail italien. 14e siècle.

99 — Boîte de miroir. — Travail français. 14e siècle.

100 — Boîte de miroir. — Travail français. Première moitié du 14e siècle.

101 — Diptyque. — Travail français. 14e siècle.

102 — Boîte de miroir. — Travail français. 14e siècle.

103 — Boîte de miroir. — Travail français. 14e siècle.

104 — Boîte de miroir. — Travail français. 14e siècle.

105 — Boîte de miroir. — Travail français. 14e siècle.

106 — Diptyque. — Travail français. 14e siècle.

107 — Diptyque. — Travail flamand; monture italienne. Deuxième moitié du 14e siècle.

108 — Trois Apôtres. — Travail français. 14e siècle.

109 — Le Renoncement de saint Pierre. — Travail français. 14e siècle.

110 — Le Christ conduit par des soldats. — Travail français. 14e siècle.

111 — Grand triptyque. — Travail français. Seconde moitié du 14e siècle.

112 — Diptyque. — Fin du 14e siècle.

113 — Coffret. — Travail français. — 14e siècle.

114 — Coffret. — Travail français. 14e siècle.

115 — Coffret. — Travail français.

116 — La Vierge et l'Enfant Jésus. — Travail français. 14e siècle.

117 — La Vierge et l'Enfant Jésus. — Travail français. 14e siècle.

118 — Le Christ et un apôtre. — Travail français. 14e siècle.

119 — Polyptyque. — Travail français. 14e siècle.

120 — Polyptyque. — Travail français. 14e siècle.

121 — Crosse. — Travail italien. 14e siècle.

122 — Triptyque. — Travail français. 14e siècle.

123 — Boîte de miroir. — Fin du 14e siècle.

124 — La Vierge et l'Enfant Jésus. — Travail français. — 14e siècle.

125 — Crosse. — Travail italien. 14e siècle.

126 — Crosse. — Travail français. 14e siècle.

127 — Crosse. — Travail français. 14e siècle.

128 — Crosse. — Travail français. 14ᵉ siècle.

129 — Triptyque. — Travail français. 14ᵉ siècle.

130 — Diptyque. — Travail français (vers 1360).

131 — Diptyque. — Travail français. 14ᵉ siècle.

132 — Diptyque. — Travail français. 14ᵉ siècle.

133 — Cor. — Travail occidental. 14ᵉ siècle.

134 — La Vierge et l'Enfant Jésus. — Travail français. 14ᵉ siècle.

135 — La Vierge et l'Enfant Jésus.—Travail français. Fin du 14ᵉ siècle.

136 — La Vierge et l'Enfant Jésus. — Travail français. Fin du 14ᵉ siècle.

137 — Médaillon. — Travail français. Fin du 14ᵉ ou commencement du 15ᵉ siècle.

138 — Peigne. — Travail italien. Fin du 14ᵉ siècle.

139 — Coffret. — Travail français. Fin du 14ᵉ siècle.

140 — Diptyque. — Travail flamand. Fin du 14ᵉ ou commencement du 15ᵉ siècle.

141 — Coffret. — Travail oriental. 14ᵉ siècle.

142 — Coffret. — Os. Travail allemand. 15ᵉ siècle.

143 — Médaillon. — Travail flamand. 15ᵉ siècle.

144 — Coffret. — Os. Travail du nord de l'Italie. 15ᵉ siècle.

145 — Diptyque. — Travail anglais. Commencement du 15ᵉ siècle.

146 — La Vierge et l'Enfant Jésus. — Travail espagnol. 15ᵉ siècle.

147 — Feuillet de diptyque. — Travail italien. 15ᵉ siècle.

148 — Feuillet de diptyque. — Travail italien. 15ᵉ siècle.

149 — Plaque-reliquaire. — Travail français.

150 — Peigne. — Travail du nord de l'Italie. 15ᵉ siècle.

151 — Cor. — Travail français. Fin du 15ᵉ siècle.

152 — L'Adoration des rois mages. — Travail espagnol. 15ᵉ siècle.

153 — Saint Georges tuant le dragon. — Travail allemand. Fin du 15ᵉ siècle.

154 — La Vierge et l'Enfant Jésus, entourés de saintes et d'anges. — Travail espagnol. 15ᵉ siècle.

155 — Baiser de paix. — Travail français. Fin du 15ᵉ ou commencement du 16ᵉ siècle.

156 — Coffret. — Os. Travail allemand. 15ᵉ siècle.

157 — Coffret. — Travail français ou italien. 15ᵉ siècle.

158 — Baiser de paix. — Travail français. Fin du 15ᵉ siècle.

159 — Le Couronnement de la Vierge. — Travail allemand. Fin du 15e siècle.

160 — Médaillon-reliquaire. — Travail flamand, 16e siècle.

161 — Plaque rectangulaire.

162 — Cor. — Travail français. Fin du 15e ou commencement du 16e siècle.

163 — Portrait d'homme. — Travail français. Commencement du 16e siècle.

164 — Portrait de femme. — Travail français. Commencement du 16e siècle.

165 — Peigne. — Travail français. Commencement du 16e siècle.

166 — Peigne. — Travail français ou allemand. Commencement du 16e siècle.

167 — Diptyque. — Travail français ou allemand. Commencement du 16e siècle.

168 — Corne à boire. — Commencement du 16e siècle.

169 — Socle. — Travail français. Commencement du 16e siècle.

170 — La Vierge et l'Enfant Jésus. — Travail français. Fin du 16e siècle.

171 — Caïn et Abel. — Travail italien. Fin du 16e siècle.

172 — Frise d'ornement. — Travail espagnol. 16e siècle.

173 — Omphale. — Travail italien. Fin du 16e siècle.

174 — Hercule. — Travail italien. Fin du 16e siècle.

175 — Peigne. — Travail français. 16e siècle.

176 — Vénus sortant du bain. — Travail français. Fin du 16e siècle.

177 — Couteau et gaine.—Travail français. 16e siècle.

178 — Cornet à bouquin. — 16e siècle.

179 — Coffret. — Os. Travail persan, 16e siècle.

180 — Peigne. — Travail italien. 16e siècle.

181 — Vénus sortant du bain. — Travail flamand ou italien. Fin du 16e siècle ou commencement du 17e siècle.

182 — L'Astronomie. — Travail flamand ou italien. Fin du 16e ou commencement du 17e siècle.

183 — La Lutte d'Apollon et de Marsyas.—17e siècle.

184 — L'Amour, une Bacchante et un Satyre. — Travail allemand, 17e siècle.

185 — Andromède. — Travail italien. 17e siècle.

186 — Scène champêtre. -- Travail flamand. 17e siècle.

187 — Vidrecome. — Travail allemand. Fin du 17e siècle.

188 — Vase. — Travail italien. 17e siècle.

189 — Vase à boire monté en vermeil. — Travail flamand. 17e siècle.

190 — Héraclite. — Travail italien. 17ᵉ siècle.

191 — Boîte. — Travail flamand ou allemand. 17ᵉ siècle.

192 — Vidrecome monté en vermeil. — Travail flamand. 17ᵉ siècle.

193 — Vase monté en vermeil. — Travail flamand ou allemand. 17ᵉ siècle.

194 — Vidrecome monté en vermeil. — Travail flamand ou allemand. 17ᵉ siècle.

195 — Démocrite. — Travail italien. 17ᵉ siècle.

196 — L'Astronomie. — Travail italien (1635).

197 — La Rhétorique. — Travail italien (1636).

198 — Bacchanale. — Attribué à G. Van Obstal.

199 — Horloge. — Travail allemand. 17ᵉ siècle.

200 — Cuillère. — Travail flamand. 17ᵉ siècle.

201 — Vidrecome monté en vermeil. — Travail flamand. 18ᵉ siècle.

202 — Vidrecome. — Travail flamand ou allemand. Fin du 16ᵉ siècle ou commencement du 17ᵉ siècle.

203 — Vidrecome. — Travail flamand. 17ᵉ siècle.

204 — Salière. — Commencement du 17ᵉ siècle.

205 — Salière. — Commencement du 17ᵉ siècle.

206 — Le Christ lavant les pieds des apôtres. — Travail byzantin. 12ᵉ siècle.

207 — Pion d'échiquier. — Travail du nord de l'Europe. 14e siècle.

208 — Grain de chapelet. — Travail français. Commencement du 16e siècle.

209 — Pion de trictrac. — Travail français. Commencement du 16e siècle.

210 — Diptyque. — Travail français. 14e siècle.

ORFÈVRERIE RELIGIEUSE

211 — Reliure d'évangéliaire. — 9e ou 10e siècle.

212 — Reliquaire en forme de bras. — Argent doré et émaillé et cristal de roche. Travail espagnol. 14e siècle.

213 — Autel portatif. — Argent en partie doré et gravé. Travail allemand. Fin du 11e ou commencement du 12e siècle.

214 — Plaque de reliure. — Émail cloisonné et champlevé sur cuivre. Travail français. Limoges. Fin du 12e siècle.

215 — Plaque. — Cuivre champlevé et émaillé. Travail des bords du Rhin. 12e siècle.

216 — Plaque.— Cuivre champlevé et émaillé.—Travail des bords du Rhin. 12e siècle.

217 — Plaque. — Cuivre champlevé et émaillé. Travail des bords du Rhin. 12e siècle.

218 — Plaque. — Cuivre champlevé et émaillé. Travail des bords du Rhin. 12e siècle.

219 — Plaque. — Cuivre champlevé et émaillé. Travail des bords du Rhin. 12e siècle.

220 — Plaque. — Cuivre champlevé et émaillé. Travail des bords du Rhin. 12e siècle.

221 — Plaque. — Cuivre champlevé et émaillé. Travail des bords du Rhin. 12e siècle.

222 — Plaque. — Cuivre champlevé et émaillé. Travail des bords du Rhin. 12e siècle.

223 — Plaque. — Cuivre champlevé et émaillé. Travail des bords du Rhin. 12e siècle.

224 — Autel portatif. — Cuivre gravé, estampé, champlevé et émaillé. Travail allemand. 12e siècle.

225 — Autel portatif. — Cuivre champlevé, gravé et émaillé. Travail des bords de la Meuse. Fin du 12e ou commencement du 13e siècle.

226 — Encensoir ou chauffe-mains. — Bronze fondu, gravé et doré. Travail du nord de la France. 12e siècle.

227 — Châsse. — Cuivre champlevé et émaillé; émaux cloisonnés sur cuivre. 12e et 13e siècles.

228 — Croix. — Cuivre champlevé et émaillé. Travail français. Limoges. Commencement du 13e siècle.

229 — Châsse. — Cuivre champlevé et émaillé. Travail français. Limoges. 13e siècle.

230 — Plaque. — Cuivre champlevé et émaillé. Travail français. Limoges. Commencement du 13e siècle.

231 — Châsse. — Cuivre champlevé et émaillé. Travail français. Limoges. Commencement du 13e siècle.

232 — Châsse. — Cuivre champlevé et émaillé. Travail français. Limoges. 12e siècle.

233 — Châsse. — Cuivre champlevé et émaillé. Travail français. Limoges. 13e siècle.

234 — Châsse. — Cuivre champlevé et émaillé. Travail français. Limoges. 13e siècle.

235 — Châsse. — Cuivre champlevé et émaillé. Travail français. Limoges. 13e siècle.

236 — Châsse. — Cuivre champlevé et émaillé. Travail français. Limoges. 13e siècle.

237 — Châsse. — Cuivre champlevé et émaillé. Travail français. Limoges. 13e siècle.

238 — Châsse. — Cuivre champlevé et émaillé. Travail français. Limoges. 13e siècle.

239 — Châsse. — Cuivre champlevé et émaillé. Travail français. Limoges. Fin du 13e siècle.

240 — Châsse. — Cuivre champlevé et émaillé. Limoges. 13e siècle.

241 — Reliquaire. — Cuivre champlevé et émaillé. Travail des bords du Rhin. 13e siècle.

242 — Reliquaire. — Cuivre, argent niellé et filigrane d'argent doré. Travail du nord de la France. Commencement du 13e siècle.

243 — Reliquaire. — Cuivre champlevé et émaillé. Travail des bords du Rhin. 13e siècle.

244 — Deux flambeaux. — Cuivre champlevé et émaillé. Travail français. Limoges. Fin du 12e ou commencement du 13e siècle.

245 — Deux flambeaux. — Cuivre champlevé et émaillé. Travail français. Limoges. Fin du 12e ou commencement du 13e siècle.

246 — Deux flambeaux. — Bronze doré. Travail français. 13e siècle.

247 — Figure d'applique. — Cuivre repoussé, gravé et doré. Limoges. 13e siècle.

248 — Figure d'applique. — Bronze fondu et doré. Travail français. 12e siècle.

249 — Figure d'applique. — Bronze fondu et doré. Travail français. 12e siècle.

250 — Plaque de reliure. — Cuivre champlevé et émaillé. Travail français. Limoges. 13e siècle.

251 — Figure d'applique. — Cuivre repoussé, gravé et doré. Travail français. Limoges. 13e siècle.

252 — Plaque de reliure. — Cuivre champlevé et émaillé. Travail français. Limoges. 13e siècle.

253 — Plaque. — Cuivre champlevé et émaillé et figures d'applique en cuivre doré. Travail français. Limoges. 13e siècle.

254 — Groupe d'applique. — Cuivre repoussé, gravé et doré. Travail français. Limoges. 13e siècle.

255 — Plaque. — Cuivre champlevé et émaillé. Travail français. Limoges. 13e siècle.

256 — Plaque de reliure. — Cuivre champlevé et émaillé et filigrane en argent doré. Travail français. Limoges. 13e siècle.

257 — Plaque. — Cuivre champlevé et émaillé et cuivre fondu gravé et doré. Travail français. Limoges. 13e siècle.

258 — Plaque. — Cuivre champlevé et émaillé. Travail français. Limoges. 13e siècle.

259 — Plaque. — Cuivre champlevé et émaillé. Travail français. Limoges. 13e siècle.

260 — Phylactère. — Cuivre gravé. Travail allemand. 13e siècle.

261 — Plaque.—Cuivre champlevé et émaillé. Travail français. Limoges. 13e siècle.

262 — Couverture d'évangéliaire. — Cuivre champlevé et émaillé. Travail français. Limoges. 13e siècle.

263 — Plaque. — Cuivre champlevé et émaillé. Travail français. Limoges. 13e siècle.

264 — Plaque. — Cuivre champlevé et émaillé. Travail français. Limoges. 13e siècle.

265 — La Vierge et l'Enfant Jésus. — Groupe de cuivre fondu, ciselé et doré. Travail français. Limoges. 13e siècle.

266 — Ciboire. — Cuivre champlevé et émaillé. Travail français. Limoges. Fin du 13e siècle.

267 — Croix. — Cuivre champlevé et émaillé. Travail français. Limoges. 13e siècle.

268 — Pyxide. — Cuivre champlevé et émaillé. Travail français. Limoges. 13e siècle.

269 — Pyxide. — Cuivre champlevé et émaillé. Travail français. Limoges. 13e siècle.

270 — Crosse. — Cuivre champlevé et émaillé. Travail français. Limoges. 13e siècle.

271 — Crosse. — Cuivre champlevé et émaillé. Travail français. Limoges. 13e siècle.

272 — Petite croix. — Cuivre champlevé et émaillé. Travail français. 13e siècle.

273 — Colombe eucharistique. — Cuivre champlevé et émaillé. Travail français. 13e siècle.

274 — Colombe eucharistique. — Cuivre champlevé et émaillé. Travail francais. Limoges. 13e siècle.

275 — Mors de chape. — Cuivre doré et gravé. Travail français. 14e siècle.

276 — Mors de chape. — Cuivre repoussé et doré et émaux champlevés. Travail français. 13e siècle.

277 — Mors de chape. — Cuivre repoussé, gravé et doré. Travail français. Limoges. 13e siècle.

278 — Deux plaques. — Cuivre champlevé et émaillé. Travail français. 13e siècle.

279 — Calice. — Argent doré. Travail allemand. Milieu du 13e siècle.

280 — Polyptyque. — Ivoire et argent niellé et doré. Travail français. 13e siècle.

281 — Mors de chape. — Cuivre champlevé et émaillé. Travail français. Limoges. Commencement du 14e siècle.

282 — Croix. — Cuivre champlevé et émaillé. Travail français. Limoges. Fin du 13e siècle.

283 — Croix. — Cuivre champlevé et émaillé. Travail français. 14e siècle.

284 — Croix. — Argent doré et émaux translucides. Travail italien. 14e siècle.

285 — Calice. — Argent, cuivre doré et émaux translucides sur relief. Travail italien. Sienne. 14e siècle.

286 — Croix. — Argent en partie doré et émaux

translucides sur relief. Travail italien. Fin du 14ᵉ siècle.

287 — Calice. — Argent doré. Travail italien. Sienne. 14ᵉ siècle.

288 — Calice. — Argent doré et émaux translucides, par Andrea Arditi de Florence. Premier tiers du 14ᵉ siècle.

289 — Ceinture. — Cuivre repoussé, champlevé et émaillé. Travail italien. 14ᵉ siècle.

290 — La Vierge et l'Enfant Jésus. — Groupe-reliquaire en argent repoussé et doré. Travail flamand.

291 — Statuette-reliquaire. — Cuivre repoussé, ciselé et doré. Travail français ou allemand. 14ᵉ siècle.

292 — Reliquaire en forme de diptyque. — Argent repoussé et doré. Travail français ou italien. 14ᵉ siècle.

293 — Statuette-reliquaire. — Argent doré. Travail allemand. Fin du 14ᵉ siècle.

294 — Boîte de miroir. — Cuivre repoussé et doré. Travail français. Seconde moitié du 14ᵉ siècle.

295 — Statuette. — Cuivre fondu, ciselé et doré. Travail allemand. 14ᵉ siècle.

296 — Statuette. — Cuivre fondu, ciselé et doré. Travail allemand. 15ᵉ siècle.

297 — Calice. — Argent doré et émaillé. Travail allemand. 15ᵉ siècle.

298 — Calice. — Argent doré et émaillé. Travail hispano-flamand. Fin du 14ᵉ siècle.

299 — Calice. — Argent doré et émaux translucides. Travail italien. 14ᵉ siècle.

300 — Statuette-reliquaire. — Cuivre repoussé et doré, émaux translucides. Travail italien. 15ᵉ siècle.

301 — Statuette-reliquaire. — Argent en partie doré. Travail allemand. Commencement du 15ᵉ siècle.

302 — Croix processionnelle. — Argent en partie doré et émaillé. Travail italien. 15ᵉ siècle.

303 — Grande croix processionnelle. — Argent doré et émaillé. Travail espagnol. 15ᵉ siècle.

304 — La Vierge et l'Enfant Jésus. — Argent doré. Travail allemand. 15ᵉ siècle.

305 — Grand reliquaire en forme de monstrance. — Argent doré, émaux et pierreries. Travail hispano-flamand. 15ᵉ siècle.

306 — La Vierge et l'Enfant Jésus. — Argent repoussé, en partie doré. Travail allemand ou flamand. Fin du 14ᵉ siècle.

307 — Sainte Ursule. — Argent repoussé, en partie doré. Travail allemand. Fin du 14ᵉ siècle.

308 — Saint Jacques le Majeur. — Argent repoussé en partie doré. Travail allemand (1492).

309 — Buste-reliquaire. — Argent en partie doré. Travail hispano-flamand. 15ᵉ siècle.

310 — Buste-reliquaire. — Argent en partie doré. Travail hispano-flamand. 14ᵉ siècle.

311 — Statuette. — Argent repoussé, en partie doré. Travail allemand. Fin du 15ᵉ siècle.

312 — La Vierge et l'Enfant Jésus. — Argent repoussé, en partie doré. Travail allemand. Fin du 15ᵉ siècle.

313 — Calice. — Argent en partie doré. Travail italien. 15ᵉ siècle.

314 — Calice. — Argent en partie doré. Travail florentin ou siennois. 15ᵉ siècle.

315 — Mors de chape. — Cuivre doré. — Travail allemand. 15ᵉ siècle.

316 — Calice. — Argent doré. Travail allemand. 15ᵉ siècle.

317 — Reliquaire. — Argent doré. Travail flamand. 15ᵉ siècle.

318 — Reliquaire. — Argent doré. Travail allemand. 15ᵉ siècle.

319 — Reliquaire. — Cuivre doré et ciselé. Travail allemand. 15ᵉ siècle.

320 — Reliquaire. — Argent doré. Travail espagnol (?) Fin du 15e siècle.

321 — Reliquaire. — Argent doré. Travail allemand.

322 — Reliquaire. — Argent doré. Travail allemand. 15e siècle.

323 — Reliquaire. — Travail allemand ou flamand.

324 — Reliquaire. — Cuivre doré et émaux peints. Travail vénitien. Fin du 15e siècle.

325 — Ostensoir. — Argent doré. Travail espagnol. 15e siècle.

326 — Calice. — Argent doré. Travail allemand. 15e siècle.

327 — Calice. — Argent doré. — Travail allemand. 15e siècle.

328 — Reliquaire. — Argent en partie doré. Travail flamand. 15e siècle.

329 — Ostensoir. — Cuivre doré. Travail allemand. Fin du 15e siècle.

330 — Bras-reliquaire. — Cuivre doré. Travail italien. 15e siècle.

331 — Bras-reliquaire. — Argent repoussé, en partie doré. Travail français. 15e siècle.

332 — La Vierge et l'Enfant Jésus. — Argent doré. Travail allemand. 15e siècle.

333 — Baiser de paix. — Cuivre doré et argent niellé. Travail florentin. 15e siècle.

334 — Baiser de paix. — Émail peint, filigrane d'argent et cuivre doré. Travail du nord de l'Italie. Venise (?). Fin du 15e siècle.

335 — Baiser de paix. — Argent niellé et émaillé, cuivre doré. Travail italien. 15e siècle.

336 — Baiser de paix. — Bronze doré et argent niellé. Travail italien. 15e siècle.

337 — Baiser de paix. — Bronze doré et argent doré. Travail italien. 15e siècle.

338 — Baiser de paix. — Argent niellé et bronze doré. Travail italien et flamand. 15e siècle.

339 — Un Apôtre. — Figure d'applique en bronze fondu, ciselé et doré. Travail allemand. 15e siècle.

340 — La Vierge. — Argent en partie doré. Travail allemand. 15e siècle.

341 — Saint Jean. — Argent en partie doré. Travail allemand. 15e siècle.

342 — Deux grands flambeaux. — Argent en partie doré. Travail allemand.

343 — Croix processionnelle. — Cuivre doré et argent émaillé. Travail italien. 15e siècle.

344 — Saint Christophe. — Argent doré. Travail flamand ou allemand. Fin du 15e ou commencement du 16e siècle.

345 — Chef-reliquaire. — Cuivre doré et argent en partie doré. Travail allemand. Fin du 15e siècle.

346 — Mors de chape. — Argent doré. Travail allemand. Fin du 15e siècle.

347 — Encensoir. — Argent doré. Travail allemand (1498).

348 — Encensoir. — Argent doré. Travail espagnol. 15e siècle.

349 — Mors de chape. — Argent en partie doré et émaux translucides. Travail allemand.

350 — Mors de chape. — Argent doré et émaux translucides. Travail allemand.

351 — Saint Roch. — Figure d'applique en bronze doré. Italie. Fin du 15e siècle.

352 — Baiser de paix. — Bronze doré et argent niellé. Travail florentin. Fin du 15e siècle.

353 — Baiser de paix. — Émail de Limoges; nielle et monture italiens. Fin du 15e ou commencement du 16e siècle.

354 — Baiser de paix. — Émail peint et cuivre doré. Limoges. Commencement du 16e siècle.

355 — Ostensoir. — Argent doré. Travail allemand. Fin du 15e siècle.

356 — La Vierge. — Statuette. Argent fondu en partie doré. Travail allemand. Fin du 15e ou commencement du 16e siècle.

357 — Saint Jean. — Statuette. Argent fondu en partie doré. Travail allemand. Fin du 15e ou commencement du 16e siècle.

358 — Pietà. — Argent repoussé en partie doré. Travail allemand. 16e siècle.

359 — Médaillon-reliquaire. — Argent doré. Travail français. 16e siècle.

360 — Deux burettes. — Argent doré. Travail allemand.

361 — Ostensoir. — Bronze doré. Travail espagnol. Seconde moitié du 16e siècle.

362 — Bras-reliquaire. — Argent en partie doré. Travail français. Commencement du 14e siècle.

363 — Calice. — Argent doré. Travail espagnol. Commencement du 15e siècle.

364 — Agrafe. — Argent. Travail allemand.

365 — Ostensoir. — Argent doré. Travail allemand. Commencement du 16e siècle.

366 — Statuette. — Argent repoussé en partie doré. Travail allemand. Commencement du 16e siècle.

367 — Ostensoir. — Cuivre repoussé, fondu et doré. Travail vénitien. Fin du 15e ou commencement du 16e siècle.

368 — Calice. — Argent doré. Travail espagnol. Commencement du 16e siècle.

369 — Baiser de paix. — Travail francais. Commencement du 16ᵉ siècle.

370 — Encensoir. — Argent doré. Travail espagnol. Commencement du 16ᵉ siècle.

371 — Baiser de paix. — Cuivre doré et argent en partie doré et filigranes. Travail du nord de l'Italie. Commencement du 16ᵉ siècle.

372 — Baiser de paix. — Argent repoussé et cuivre doré. Travail italien. 16ᵉ siècle.

373 — Calice. — Argent repoussé et doré. Travail espagnol. 16ᵉ siècle.

374 — Calice. — Argent doré. Travail espagnol. 16ᵉ siècle.

375 — Coffret-reliquaire. — Argent doré et gravé. Travail portugais (1539).

376 — Calice. — Argent doré. Travail espagnol. Milieu du 16ᵉ siècle.

377 — Reliquaire. — Bronze doré et émaux. Travail espagnol. Seconde moitié du 16ᵉ siècle.

378 — Reliquaire. — Bronze doré et émaux. Travail espagnol. Seconde moitié du 16ᵉ siècle.

379 — Calice. — Argent doré. Travail espagnol. 16ᵉ siècle.

380 — Reliquaire. — Argent repoussé en partie doré. Travail portugais (1558).

381 — Ciboire. — Argent doré et niellé. Travail portugais. 16ᵉ siècle.

382 — Crosse. — Cuivre fondu, ciselé et doré. Travail italien. 16ᵉ siècle.

383 — Baiser de paix. — Argent repoussé en partie doré. Travail italien. 16ᵉ siècle.

384 — Baiser de paix. — Argent repoussé et ciselé en partie doré. Travail allemand. 16ᵉ siècle.

385 — Encensoir. — Argent doré. Travail espagnol. Première moitié du 16ᵉ siècle.

386 — Baiser de paix. — Émail peint de Limoges; monture en cuivre doré. Travail espagnol. Fin du 16ᵉ siècle.

387 — La Nativité. — Bas-relief en argent. Travail allemand. 16ᵉ siècle.

388 — La Résurrection. — Bas-relief en argent. Travail allemand. 16ᵉ siècle.

389 — Bénitier portatif. — Argent fondu repoussé et gravé. Travail allemand. 16ᵉ siècle.

390 — Tabernacle. — Argent repoussé et ébène. Venise. 16ᵉ siècle.

391 — Saint Laurent. — Cuivre émaillé et champlevé. Travail français. 14ᵉ siècle.

392 — Baiser de paix. — Argent et cuivre. Travail italien (1541).

393 — Un Apôtre. — Cuivre émaillé et champlevé. Limoges. 13e siècle.

TAPISSERIES

394 — L'Annonciation. — Tapisserie italienne. 15e siècle.

395 — La Sainte Famille. — Tapisserie flamande. Fin du 15e siècle.

396 — Apparition du Christ à la Madeleine. — Tapisserie flamande. Fin du 15e siècle.

397 — Le Christ et la Vierge. — Tapisserie flamande. Fin du 15e siècle.

398 — Le Repos en Égypte. — Tapisserie flamande. Fin du 15e siècle.

399 — La Nativité. — Travail flamand. Fin du 15e siècle.

400 — La Vierge, sainte Anne et l'Enfant Jésus. — Commencement du 16e siècle.

401 — La Vierge, l'Enfant Jésus et saint Jean. — Travail flamand. 16e siècle.

402 — L'Adoration des bergers. — Tapisserie flamande. 16e siècle.

403 — Apparition de la Vierge à une vieille femme.

404 — Déplacement de la Vierge miraculeuse.

405 — La Vierge miraculeuse remise sur l'autel.

406 — Apparition de la Vierge.

407 — La Vierge miraculeuse est dérobée.

408 — Transport de la Vierge miraculeuse.

409 — Transport de la Vierge miraculeuse.

410 — Arrivée de la Vierge miraculeuse à Bruxelles.

411 — La Vierge à la chaise. — Travail italien. 16e siècle.

412 — L'Adoration des rois mages. — École italienne. 16e siècle.

413 — La Toilette d'une princesse. — Tapisserie parisienne. Atelier de J. Lefèvre.

414 — Bacchanale. — Tapisserie parisienne. Atelier de J. Lefèvre.

415 — Bacchanale. — Tapisserie parisienne. Atelier de J. Lefèvre.

416 — Bacchanale. — Tapisserie parisienne. Atelier de J. Lefèvre.

ÉMAUX PEINTS
DE LIMOGES

417 — Triptyque. — Nardon Pénicaud.

418 — Triptyque. — Nardon Pénicaud.

419 — Triptyque. — Nardon Pénicaud.

420 — L'Adoration des Mages. — Nardon Pénicaud.

421 — La Vierge et l'Enfant Jésus. — Nardon Pénicaud.

422 — Triptyque. — Jean Ier Pénicaud.

423 — Diptyque. — Jean Ier Pénicaud.

424 — L'Arrestation du Christ. — Jean Ier Pénicaud.

425 — La Mise au tombeau. — Jean Ier Pénicaud.

426 — Sainte Anne, la Vierge et l'Enfant Jésus. — Jean Ier Pénicaud.

427 — Hector apparaissant à Énée. — Jean Ier Pénicaud.

428 — La Crucifixion. — Attribué à Jean Ier Pénicaud.

429 — L'Adoration des Mages. — Jean II Pénicaud.

430 — Baiser de paix. — Jean II Pénicaud.

431 — Les Israélites apportant des offrandes au Temple. — Jean II Pénicaud.

432 — L'Ascension. — Jean II Pénicaud.

433 — La Présentation au Temple. — Jean II Pénicaud.

434 — La Pentecôte. — Jean II Pénicaud.

435 — Sujet allégorique. — Atelier de Jean II Pénicaud.

436 — Coquille de pèlerinage. — Jean II Pénicaud.

437 — Coquille de pèlerinage. — Jean II Pénicaud.

438 — Saint Mathieu. — Jean II Pénicaud.

439 — Triptyque. — Jean II Pénicaud.

440 — La Cène. — Anonyme KIP.

441 — La Vierge, l'Enfant Jésus et saint Jean. — Anonyme KIP.

442 — La Mort de la Vierge. — Anonyme KIP.

443 — Grand plat circulaire. — Jean III Pénicaud.

444 — Aiguière. — Jean III Pénicaud.

445 — Aiguière. — Jean III Pénicaud.

446 — L'Adoration des rois. — Jean III Pénicaud.

447 — La Flagellation. — Jean III Pénicaud.

448 — La Présentation au Temple. — Jean III Pénicaud.

449 — La Pietà. — Jean III Pénicaud.

450 — Combat de cavalerie. — Jean III Pénicaud.

451 — Lucrèce. — Jean III Pénicaud.

452 — Coffret. — Jean III Pénicaud.

453 — Plaque de coffret. — Jean III Pénicaud.

454 — Plaque de coffret. — Jean III Pénicaud.

455 — Plaque de coffret. — Jean III Pénicaud.

456 — Alexandre faisant déposer les œuvres d'Homère dans le tombeau de Darius. — Jean III Pénicaud.

457 — Un Homme pesant de l'or devant un roi. — Jean III Pénicaud.

458 — La Crucifixion. — Atelier des Pénicaud (vers 1530).

459 — La Crucifixion. — Atelier des Pénicaud (vers 1535).

460 — La Cène. — Atelier des Pénicaud (vers 1540).

461 — Coffret. — Atelier des Pénicaud.

462 — Fragment d'un coffret. — Atelier des Pénicaud.

463 — La Vierge, l'Enfant Jésus et deux anges. — Atelier des Pénicaud. Premier quart du 16e siècle.

464 — Saint Barthélemy. — Atelier des Pénicaud (vers 1530).

465 — La Vierge, l'Enfant Jésus. — Atelier des Pénicaud. 16e siècle.

466 — Les Trois Grâces. — H. Poncet (?)

467 — Coffret. — Atelier des Pénicaud.

468 — Grand tableau. — Léonard Limosin.

469 — Neptune. — Léonard Limosin.

470 — Didon recevant Énée. — Léonard Limosin.

471 — Le Couronnement de la Vierge. — Léonard Limosin (1535).

472 — La Cène. — Léonard Limosin.

473 — Le Christ et la Madeleine. — Léonard Limosin.

474 — Saint Antoine de Viennois et le seigneur de Châtillon. — Léonard Limosin (1536).

475 — Le Christ et la Vierge. — Léonard Limosin.

476 — Le Baiser de Judas. — Léonard Limosin.

477 — La Sibylle libyque. — Léonard Limosin.

478 — La Sibylle de Phrygie. — Léonard Limosin.

479 — La Reine des Amazones Thalestris vient visiter Alexandre. — Léonard Limosin (1563).

480 — La Conversion de saint Paul. — Léonard Limosin.

481 — Diane. — Léonard Limosin (1573).

482 — Aiguière. — Léonard Limosin (1537).

483 — Portrait du roi François Ier. — Léonard Limosin.

484 — Portrait de Calvin. — Léonard Limosin (1535).

485 — Portrait d'un Réformateur. — Léonard Limosin (1540).

486 — Portrait d'un Réformateur. — Léonard Limosin.

487 — Portrait de Catherine de Lorraine, duchesse de Montpensier (1552-1596). — Léonard Limosin.

488 — Portrait de Galiot de Genouilhac, grand maître de l'artillerie. — Léonard Limosin.

489 — Portrait de Marguerite de France, duchesse de Savoie. — Léonard Limosin (1550).

490 — Portrait de femme. — Léonard Limosin.

491 — Salière. — Jean Limosin.

492 — Le Parnasse. — Jean Limosin.

493 — La Mort du sanglier de Calydon. — Jean Limosin.

494 — Aiguière. — Couly Nouailher.

495 — Coupe. — Couly Nouailher.

496 — Coffret. — Couly Nouailher.

497 — Grand plat ovale. — Couly Nouailher.

498 — Coffret. — Couly Nouailher. Vers 1530.

499 — Saint Georges combattant le dragon. — Couly Nouailher.

500 — Grand plat ovale. — Pierre Raymond (1557).

501 — Grand plat à ombilic. — Pierre Raymond (1563).

502 — Le Christ entre deux donateurs. — Attribué à Jean Limosin.

503 — Grand plat ovale. — Pierre Reymond.

504 — Assiette. — Pierre Reymond.

505 — Assiette. — Pierre Reymond (1561).

506 — Assiette. — Pierre Reymond.

507 — Assiette. — Pierre Reymond (1561).

508 — Assiette. — Pierre Reymond (1561).

509 — Assiette. — Pierre Reymond (1564).

510 — Assiette. — Pierre Reymond (1548).

511 — Assiette. — Pierre Reymond (1560).

512 — Coupe à couvercle. — Pierre Reymond.

513 — Coupe à couvercle. — Attribué à Pierre Reymond.

514 — Coupe à couvercle. — Pierre Reymond.

515 — Couvercle de coupe. — Pierre Reymond.

516 — Aiguière. — Pierre Reymond.

517 — Salière. — Pierre Reymond.

518 — Salière. — Pierre Reymond.

519 — Salière. — Pierre Reymond.

520 — Salière. — Pierre Reymond.

521 — Salière. — Pierre Reymond.

522 — Salière. — Pierre Reymond.

523 — Coffret. — Pierre Reymond.

524 — Coffret. — Atelier de Pierre Reymond.

525 — Didon recevant Énée. — Pierre Reymond.

526 — Vénus, Énée et Ascagne tirant un présage des oiseaux. — Pierre Reymond.

527 — Saint Jean l'Évangéliste. — Pierre Reymond.

528 — La Vierge, l'Enfant Jésus et deux anges. — Pierre Reymond.

529 — La Vierge et l'Enfant Jésus. — Pierre Reymond.

530 — La Vierge, l'Enfant Jésus et saint Jean. — Pierre Reymond.

531 — Partie d'un triptyque. — Pierre Reymond.

532 — Scène pastorale. — Martin Didier.

533 — Sujet allégorique. — Martin Didier.

534 — Coffret. — Martin Didier.

535 — Triptyque. — Martin Didier.

536 — Portrait d'homme. — Pierre Courteys.

537 — Portrait d'homme. — Pierre Courteys.

538 — Grand coffret. — Pierre Courteys.

539 — Coffret. — Pierre Courteys (1568).

540 — Coffret. — Pierre Courteys.

541 — Grand plat ovale. — Pierre Courteys (1567).

542 — Aiguière. — Pierre Courteys.

543 — Aiguière. — Pierre Courteys.

544 — Coupe. — Pierre Courteys.

545 — Coupe à couvercle. — Pierre Courteys.

546 — Assiette. — Pierre Courteys.

547 — Assiette. — Pierre Courteys.

548 — Assiette. — Pierre Courteys.

549 — Assiette. — Pierre Courteys.

550 — Assiette. — Pierre Courteys.

551 — Assiette. — Pierre Courteys.

552 — Un Concert. — Pierre Courteys.

553 — Paire de petits vases. — Jean Courteys.

554 — Flambeau. — Jean Courteys.

555 — Grand bassin d'aiguière. — Jean Court dit Vigier (1558).

556 — Coupe. — Jean de Court.

557 — Boîte de miroir. — Jean de Court.

558 — Aiguière. — I. C.

559 — Aiguière. — I. C.

560 — Coupe à couvercle. — I. C.

561 — Coupe couverte. — I. C.

562 — Coupe. — I. C.

563 — Coupe. — I. C.

564 — Coupe. — I. C.

565 — Coupe à pied bas. — I. C.

566 — Coupe. — I. C.

567 — Assiette. — I. C.

568 — Assiette. — I. C.

569 — Assiette. — I. C.

570 — Assiette. — I. C. (?)

571 — Assiette. — I. C. (?

572 — Assiette. — I. C. (?

573 — Salière. — I. C.

574 — Salière. — I. C.

575 — Salière. — I. C.

576 — La Continence de Scipion (?) — I. C.

577 — Boîte de miroir. — I. C. (?)

578 — Diane au repos. — I. C. (?)

579 — L'Adoration des rois. — I. C.

580 — Coupe. — Suzanne de Court.

581 — Assiette. — Suzanne de Court.

582 — L'Annonciation. — Suzanne de Court.

583 — L'Adoration des bergers. — Suzanne de Court.

584 — Bouteille.—Travail vénitien. Fin du 15e siècle.

585 — L'Assomption de la Vierge. — Jacques Laudin.

586 — Tasse à deux anses. — Jacques Laudin.

587 — Sujet inconnu. — Travail vénitien. Fin du 15e siècle.

588 — Enseigne de corporation.—Nardon Pénicaud. Commencement du 16e siècle.

FAÏENCES
DE BERNARD PALISSY

589 — L'Eau.

590 — Grand plat circulaire.

591 — Grand plateau d'aiguière de forme circulaire.

592 — Grand plat ovale.

593 — Plat ovale.

594 — Plat ovale.

595 — Plat creux ovale.

596 — Grand plat ovale.

597 — Plat creux ovale.

598 — Coupe circulaire.

599 — Coupe circulaire.

600 — Coupe circulaire.

601 — Plat ovale.

602 — Plat ovale.

603 — Plat ovale.

604 — Plat ovale.

605 — Plat polylobé.

606 — Plat ovale.

607 — Plat ovale.

608 — Coupe ovale.

609 — Plat ovale à compartiments.

610 — Plat ovale.

611 — Plat ovale.

612 — Plat ovale.

613 — Plat ovale découpé à jour.

614 — Coupe à fruits découpée à jour.

615 — Coupe à fruits découpée à jour.

616 — Coupe découpée à jour.

617 — Coupe découpée à jour.

618 — Plateau découpé à jour.

619 — Coupe circulaire découpée à jour.

620 — Coupe ronde découpée à jour.

621 — Coupe à bords dentelés.

622 — Coupe à bords découpés.

623 — Coupe circulaire.

624 — Plat ovale à compartiments.

625 — Grand plat ovale.

626 — Plat creux ovale.

627 — Plat ovale.

628 — Grand plat circulaire.

629 — Grand plat ovale.

630 — Aiguière.

631 — Aiguière.

632 — Bouteille.

633 — Aiguière.

634 — Grande salière.

635 — Salière triangulaire.

636 — Salière triangulaire.

637 — Salière triangulaire.

638 — Salière triangulaire.

639 — Salière triangulaire.

640 — Salière rectangulaire.

641 — Salière.

642 — Salière ovale.

643 — Salière ovale.

644 — Saucière.

645 — Bassin.

646 — Fontaine.

647 — Applique porte-lumière.

648 — Applique porte-lumière.

649 — Neptune.

650 — La Nourrice.

651 — Le Joueur de vielle.

652 — La Vierge et l'Enfant Jésus.

653 — Statuette de femme.

654 — Un Lion.

655 — Plat ovale.

656 — Moine porte-lumière.

657 — Un Moine.

658 — Un Moine.

659 — Un Moine portant une femme.

660 — Plaque cintrée.

661 — Encrier en forme de pied. — Travail italien (1569).

FAÏENCES DE SAINT-PORCHAIRE
DITES DE HENRI II OU D'OIRON

662 — Salière.

663 — Salière.

664 — Salière.

665 — Coupe.

666 — Salière.

667 — Salière.

668 — Aiguière.

MEUBLES & BOIS SCULPTÉS

669 — Stalle. — Chêne sculpté. Travail français. Fin du 15e siècle.

670 — Stalle. — Chêne sculpté. Travail français. Fin du 15e siècle.

671 — Grand coffre. — Chêne sculpté. Travail flamand. 15e siècle.

672 — Grand coffre. — Noyer sculpté. Travail français. 16e siècle.

673 — Grande table. — Bois sculpté, peint et doré. Travail flamand. Commencement du 16e siècle.

674 — Dressoir. — Bois de chêne. Travail allemand. Fin du 15e siècle.

675 — Table en marqueterie. — Travail italien. Fin du 15e siècle.

676 — Dressoir. — Chêne sculpté. École française. Règne de François Ier.

677 — Dressoir. — Bois de noyer. École française. Règne de François Ier.

678 — Chaire. — Bois de noyer. Travail français. Première moitié du 16e siècle.

679 — Bahut. — Noyer sculpté. Travail français. 16e siècle.

680 — Dressoir. — Noyer sculpté. Travail français. 16e siècle.

681 — Grand meuble à deux corps. — Noyer sculpté. Travail français. 16e siècle.

682 — Petit meuble à deux corps. — Noyer sculpté. École de Lyon. 16e siècle.

683 — Armoire à deux corps. — Noyer sculpté. Travail français. 16e siècle.

684 — Grande armoire à deux corps. — Noyer sculpté. Travail français. 16e siècle.

685 — Armoire à deux corps. — Noyer sculpté. École de Fontainebleau. 16e siècle.

686 — Armoire à deux corps. — Noyer sculpté. École de Fontainebleau. 16e siècle.

687 — Armoire d'applique. — Noyer sculpté. École lyonnaise. 16e siècle.

688 — Armoire d'applique. — Chêne sculpté. Travail français. 16e siècle.

689 — Chaire. — Noyer sculpté. Travail lyonnais. Seconde moitié du 16e siècle.

690 — Table. — Noyer sculpté et incrusté. Travail français. 16e siècle.

691 — Table. — Noyer sculpté. Travail français. 16e siècle.

692 — Table. — Noyer sculpté. Travail français. 16e siècle.

693 — Grande table. — Bois de noyer. Travail français. Milieu du 16e siècle.

694 — Table. — Noyer sculpté. Travail français 16e siècle.

695 — Table. — Noyer sculpté. Travail français. 16e siècle.

696 — Grande table. — Noyer sculpté. Travail français. École lyonnaise. Seconde moitié du 16º siècle.

697 — Table. — Noyer sculpté. Travail français. 16e siècle.

698-699 — Portes. — Noyer sculpté. Travail espagnol. 1541.

700 — Grandes portes en bois sculpté. — Noyer sculpté. Travail italien. 16e siècle.

701 — Fauteuil pliant. — Travail espagnol. 16e siècle.

702 — Fauteuil pliant. — Travail espagnol. 16e siècle.

703 — Fauteuil pliant. — Travail espagnol. 16e siècle.

704 — Fauteuil pliant. — Travail espagnol. 16e siècle.

705 — Coffre de mariage. — Noyer sculpté. Travail italien. 16e siècle.

706 à 709 — Quatre stalles semblables. — Noyer incrusté et sculpté. Travail italien. 16e siècle.

710 — Table. — Chêne, noyer et citronnier. Travail italien. 16e siècle.

711-712 — Deux portes à deux vantaux. — Noyer sculpté. 16e siècle.

713 — Coffre. — Noyer sculpté. Travail français. 16e siècle.

714 — Coffre. — Noyer sculpté. Travail français. 16e siècle.

715 — Meuble en forme de coffre. — Chêne sculpté. Travail français. École normande (vers 1580).

716 — Siège pliant. — Travail italien. 16e siècle.

717 — Fauteuil. — Noyer sculpté. Travail français. 16e siècle.

718 — Fauteuil. — Noyer sculpté. Travail français. 16e siècle.

719-720 — Deux escabeaux semblables. — Noyer sculpté. Travail français. 16e siècle.

721-722 — Deux escabeaux semblables. — Noyer sculpté. Travail français. 16e siècle.

723 — Escabeau. — Noyer sculpté. Travail français. 16e siècle.

724 — Escabeau. — Noyer sculpté. Travail français. 16e siècle.

725 — Escabeau. — Noyer sculpté. Travail français. 16e siècle.

726 — Escabeau. — Noyer sculpté. 16e siècle.

727 — Escabeau. — Noyer sculpté. Travail français. 16e siècle.

728 — Escabeau. — Noyer sculpté. 16e siècle.

729 — Escabeau. — Noyer sculpté. Travail français. 16e siècle.

730 — Petite chaise pliante. — Noyer sculpté. Travail français. 16e siècle.

731 — Petite chaise pliante. — Noyer sculpté. Travail français. 16e siècle.

732 — Chaire. — Noyer sculpté. Travail français. Deuxième moitié du 16e siècle.

733 — Pupitre. — Noyer sculpté. Travail français. 16e siècle.

734 — Escabeau. — Noyer sculpté. — Travail italien. 16e siècle.

735-736 — Deux escabeaux. — Noyer sculpté. Travail italien. 16e siècle.

737 — Petit cabinet en marqueterie. — Travail allemand. Seconde moitié du 16e siècle.

738 — Escabeau. — Noyer sculpté. Travail italien. 16e siècle.

739 — Petite table. — Travail italien. Fin du 16e siècle.

740 — Grand cabinet en ébène incrusté d'ivoire. — Travail italien. 16e siècle.

741 — Grand cabinet en ébène incrusté d'ivoire. — Travail italien. 16e siècle.

742 — Petite table. — Travail italien. Fin du 16e siècle ou commencement du 17e siècle.

743 — Meuble à deux corps. — Noyer sculpté. Travail français. Ecole toulousaine? Fin du 16e siècle ou commencement du 17e siècle.

744 — Saint Georges terrassant le démon. — Statue peinte et dorée. Allemagne. 15e siècle.

745 — Saint Sébastien. — Statue. Travail allemand. Fin du 15e siècle.

746 — Chef de sainte. — Bois peint et doré. Allemagne. 15e siècle.

747 — Saint Georges vainqueur du démon. — Statuette peinte et dorée. Travail allemand. 15e siècle.

748 — Dais en bois sculpté et doré. — Travail allemand. 15e siècle.

749 — La Vierge et l'Enfant Jésus. — Statuette peinte et dorée. Travail flamand. 15e siècle.

750 — Un Ange. — Bois peint et doré. Travail espagnol. 15e siècle.

751 — Un Ange. — Bois peint et doré. Travail espagnol. 15e siècle.

752 — La Vierge. — Statuette. Bois peint et doré. Travail allemand. 15e siècle.

753 — L'Ange Gabriel. — Statuette. Bois peint et doré. Travail allemand. 15e siècle.

754 — Saint Georges tuant le dragon. — Statuette. Bois peint et doré. Travail allemand. 15e siècle.

755 — Saint Michel terrassant le démon. — Statuette peinte et dorée. Bois de noyer. Travail flamand. 15e siècle.

756 — Une Sainte. — Bois peint et doré. Travail flamand. Fin du 15e siècle.

757 — Saint Christophe portant l'Enfant Jésus. — Travail allemand. 15e siècle.

758 — Sainte Barbe. — Statuette. Travail allemand. 15e siècle.

759 — Une Sainte. — Statuette. Travail flamand. 15e siècle.

760 — Une Sainte. — Statuette. Travail flamand. 15e siècle.

761 — Saint Hubert. — 15e siècle.

762 — Panneau décoratif. — Bois peint et doré. Travail flamand. Fin du 15e siècle.

763 — Panneau décoratif. — Bois peint et doré. Travail allemand. Fin du 15e siècle.

764 — Triptyque. — Travail allemand. Commencement du 16e siècle.

765 — Triptyque. — Bois sculpté, peint et doré. Travail allemand. Commencement du 16e siècle

766 — Décollation de sainte Catherine. — Bois sculpté et peint. Travail allemand. Commencement du 16e siècle.

767 — La Pietà. — Groupe. Bois de tilleul. Travail allemand. Commencement du 16e siècle.

768 — Sainte Marguerite. — Bois peint et doré. Travail flamand. 15e siècle.

769 — Saint Paul. — Bois peint et doré. Travail allemand. Commencement du 16e siècle.

770 — Un Saint. — Bois peint et doré. Travail allemand. Commencement du 16e siècle.

771 — Un Saint Chevalier. — Statuette peinte et dorée. Travail allemand. Commencement du 16e siècle.

772 — L'Évanouissemen de la Vierge. — Bois de chêne. Travail flamand. Commencement du 16e siècle.

773 — La Circoncision. — Groupe. Travail flamand. Commencement du 16e siècle.

774 — Buste de sainte. — Bois de chêne. Travail flamand. 16e siècle.

775 — Saint Joseph d'Arimathie. — Statuette en bois peint et doré. Travail flamand. Commencement du 16e siècle.

776 — Sainte Barbe. — Statuette peinte et dorée. Travail flamand. Commencement du 16e siècle.

777 — Une Sainte Femme. — Statuette en bois peint et doré. Travail flamand. Commencement du 16e siècle.

778 — La Vierge. — Statuette. Bois peint et doré. Travail flamand. Commencement du 16e siècle.

779 — Une Sainte. — Statue. Bois de chêne. Travail flamand. Commencement du 16e siècle.

780 — Une Sainte. — Statue. Bois de chêne. Travail flamand. Commencement du 16e siècle.

781 — Une Sainte. — Statue. Bois de chêne. Travail flamand. Commencement du 16e siècle.

782 — Un Saint Évêque. — Groupe. Bois de chêne. Travail allemand. Commencement du 16e siècle.

783 — Un Seigneur. — Statuette. Bois de chêne. Travail allemand. 16e siècle.

784 — La Vierge, sainte Anne, Jésus et deux saints.

— Bas-relief. Bois peint et doré. Travail allemand (1521).

785 — Panneau sculpté. — Chêne sculpté. Travail français. 16e siècle.

786 — Panneau sculpté. — Noyer. Travail français.

787 — Grand panneau sculpté. — Bois de noyer. Travail français. 16e siècle.

788 — Amphitrite. — Panneau sculpté. Bois de noyer. Travail français. 16e siècle.

789 — Neptune. — Panneau sculpté. Bois de noyer. Travail français. 16e siècle.

790 — Panneau sculpté. — Noyer sculpté. Travail français. 16e siècle.

791 — Panneau semblable.

792 — Trois chapiteaux.

793 — Soufflet. — Noyer sculpté et doré. Travail italien. 16e siècle.

794 — Soufflet. — Noyer sculpté. Travail italien. 16e siècle.

795 — Saint Joachim. — Bois peint et doré. Travail espagnol. Fin du 16e siècle.

796 — L'Enfant Jésus. — Travail espagnol. Fin du 16e siècle.

797 — Cadre de glace. — Travail vénitien. 16e siècle.

798 — Cadre de glace. — Travail italien. 16e siècle.

CUIRS

799 — Étui de crosse. — Travail italien. Commencement du 14e siècle.

800 — Coffret. — Travail français. 14e siècle.

801 — Gaine de livre ou de tablettes. — 14e siècle.

802 — Coffret. — Travail français. Fin du 14e siècle.

803 — Étui de coupe. — Travail allemand. 14e siècle.

804 — Coffret. — Travail français. Fin du 14e siècle.

805 — Étui. — Travail italien. 14e siècle.

806 — Coffret. — Travail français. Milieu du 15e siècle.

807 — Boîte ronde. — Travail italien. 15e siècle.

808 — Coffret. — Travail italien. Fin du 15e siècle.

809 — Coffret. — Travail de l'Italie du Nord. Fin du 15e siècle.

810 — Étui de coupe. — Travail italien. 15e siècle.

811 — Boîte de livre. — Travail italien. 15e siècle.

812 — Boîte de livre. — Travail italien. Fin du 15e siècle.

813 — Boîte en forme de pyxide. — Travail italien. 15e siècle.

814 — Trousse. — Travail italien. Fin du 15e siècle.

815 — Étui. — Travail italien. Fin du 15e siècle.

816 — Étui de livre. — Travail italien. 15e siècle.

817 — Boîte en forme de pyxide. — Travail italien. Fin du 15e siècle.

818 — Coffret. — Travail français. 15e siècle.

819 — Coffret. — Travail français ou du nord de l'Italie. Fin du 15e siècle.

820 — Boîte de livre. — Travail flamand ou allemand. Fin du 15e siècle.

821 — Étui de livre. — Travail milanais. Fin du 15e siècle.

822 — Coffret. — Travail flamand ou allemand. Fin du 15e siècle.

823 — Trousse. — Travail allemand. Fin du 15e siècle.

824 — Coffret. — Travail français. Fin du 15e siècle.

825 — Boîte en forme de pyxide. — Travail italien. Commencement du 16e siècle.

826 — Trousse. — Travail italien. Commencement du 16e siècle.

827 — Trousse. — Travail italien. Commencement du 16e siècle.

828 — Gaine. — Venise. Commencement du 16e siècle.

829 — Coffret. — Travail vénitien. Commencement du 16e siècle.

830 — Trousse. — Travail italien. Commencement du 16e siècle.

831 — Devant de coffre. — Travail italien. 16e siècle.

832 — Gaine. — Travail du nord de l'Italie. 16e siècle.

833 — Étui de plat. — Travail italien. Commencement du 16e siècle.

834 — Bouteille de chasse. — Travail italien ou espagnol. 16e siècle.

835 — Gaine de livre. — Travail vénitien. 16e siècle.

836 — Trousse. — Travail italien. 16e siècle.

837 — Boîte. — Travail italien. 16e siècle.

838 — Trousse. — Travail italien. 16e siècle.

839 — Trousse. — Travail italien. 16e siècle.

840 — Coffret. — Travail français. 15e siècle.

841 — Trousse. — Travail italien ou français. 16e siècle.

842 — Tirelire. — Travail italien. 16e siècle.

843 — Trousse. — Travail italien. 16e siècle.

844 — Trousse. — Travail italien. 16e siècle.

845 — Étui. — Travail italien. 16e siècle.

846 — Étui. — Travail italien. 16ᵉ siècle.

847 — Boîte. — Travail italien. 16ᵉ siècle.

848 — Cabinet. — Travail espagnol. 16ᵉ siècle.

849 — Trousse. — Travail espagnol (?) 16ᵉ siècle.

850 — Gaine d'ustensiles d'écrivain. — Angleterre. Commencement du 16ᵉ siècle.

851 — Coffret. — Travail flamand ou allemand. 16ᵉ siècle.

852 — Trousse de chirurgien. — Travail allemand (1580).

853 — Coffret. — Travail français. Commencement du 16ᵉ siècle.

854 — Étui rectangulaire. — Travail français ou flamand. Commencement du 16ᵉ siècle.

855 — Coffret. — Travail français. 16ᵉ siècle.

856 — Coffret. — Travail français. 16ᵉ siècle.

857 — Coffret. — Travail français. 16ᵉ siècle.

858 — Étui de livre. — Travail français. Fin du 16ᵉ siècle.

859 — Trousse. — Travail français. Fin du 16ᵉ siècle.

860 — Coffret. — Travail français. 15ᵉ siècle.

861 — Boîte. — Travail français. Fin du 16ᵉ siècle.

862 — Étui. — Travail français. Fin du 16ᵉ siècle.

863 — Baguier. — Travail français. 16e siècle.

864 — Gaine. — Travail français. Commencement du 15e siècle.

865 — Trousse. — 16e siècle.

866 — Coffret. — Travail français. Fin du 14e siècle.

867 — Coffret. — Travail français. Fin du 16e ou commencement du 17e siècle.

868 — Coffret. — Travail français. Commencement du 17e siècle.

869 — Boîte. — Travail français. 17e siècle.

870 — Coffre-écritoire. — Travail français. 17e siècle.

871 — Coffre. — Travail français. 17e siècle.

872 — Étui. — Travail français. 17e siècle.

873 — Boîte. — Travail italien. Commencement du 17e siècle.

SERRURES

874 — Serrure de coffre en forme de triptyque. — 15e siècle.

875 — Serrure en fer découpé. — 15e siècle.

876 — Serrure. — Style du 15e siècle.

877 — Serrure en fer ciselé et découpé. — 15e siècle.

878 — Serrure de coffre en fer ciselé et découpé. — Seconde moitié du 15e siècle.

879 — Serrure. — Style du 15e siècle.

880 — Serrure de coffre. — Style du 15e siècle.

881 — Grand marteau de porte. — Style du 15e siècle.

882 — Moraillon transformé en marteau de porte. — 15e siècle.

883 — Marteau de porte. — Style du 15e siècle.

884 — Marteau de porte. — 15e siècle.

885 — Serrure de coffre. — Commencement du 16e siècle.

886 — Marteau de porte. — Travail français. Première moitié du 16e siècle.

887 — Plaque de serrure en fer repoussé et doré. — 16e siècle.

888 — Serrure de coffre en fer poli en partie doré. — Travail français (1589).

889 — Serrure de coffre en bronze doré. — Travail italien.

890 — Serrure de coffre. — 16e siècle.

891 — Serrure. — 17e siècle.

892 — Serrure de coffre. — 17e siècle.

893 — Serrure en fer gravé. — Fin du 16e siècle.

894 — Grande serrure en fer gravé et doré. — 16e siècle.

895 — Gros cadenas. — Travail allemand. 16e siècle.

896 — Grande serrure en cuivre gravé et découpé à jour. — Travail anglais. 17e siècle.

897 — Serrure en fer ciselé et découpé. — 17e siècle.

898 — Serrure en fer poli, gravé et découpé. — Travail français. 18e siècle.

899 — Marteau de porte en fer repoussé et ciselé. — Milieu du 16e siècle.

900 — Verrou. — Travail français. 16e siècle.

901 — Verrou. — Travail français. 16e siècle.

902 — Verrou. — Travail français. 16e siècle.

903 — Verrou. — Travail français. 16e siècle.

904 — Verrou. — Travail français. 16e siècle.

905 — Verrou. — Travail français. 16e siècle.

906 — Verrou. — Travail français. 16e siècle.

CLEFS

907 — Clef. — Commencement du 16e siècle.

908 — Clef. — 17e siècle.

909 — Clef. — Commencement du 16e siècle.

910 — Clef. — Style du 16e siècle.

911 — Clef. — 16e siècle.

912 — Clef. — Commencement du 16e siècle.

913 — Grande clef. — Style du 16e siècle.

914 — Clef. — 16e siècle.

915 — Clef. — 16e siècle.

916 — Clef. — 16e siècle.

917 — Clef. — 16e siècle.

918 — Clef. — 16e siècle.

919 — Clef. — 16e siècle.

920 — Clef. — 16e siècle.

921 — Clef. — 16e siècle.

922 — Clef. — Style du 16e siècle.

923 — Grande clef. — 16e siècle.

924 — Clef. — Style du 16e siècle.

925 — Clef. — 16e siècle.

926 — Clef. — 16e siècle.

927 — Clef. — Style du 16e siècle.

928 — Clef. — 16e siècle.

929 — Clef. — 16e siècle.

930 — Clef. — 16e siècle.

931 — Clef. — 16e siècle.

932 — Clef. — 16e siècle.

933 — Clef. — 16e siècle.

934 — Clef. — 16e siècle.

935 — Clef. — 16e siècle.

936 — Clef. — 16e siècle.

937 — Clef. — 16e siècle.

938 — Clef. — 16e siècle.

939 — Petite clef. — 16e siècle.

940 — Clef. — 16e siècle.

941 — Petite clef. — 16e siècle.

942 — Clef. — 16e siècle.

943 — Clef à double panneton. — 17e siècle.

944 — Clef. — 17e siècle.

945 — Clef. — 17e siècle.

946 — Clef. — 17e siècle.

947 — Clef. — 17e siècle.

948 — Clef. — 17e siècle.

949 — Clef. — 17e siècle.

950 — Clef. — (Règne de Louis XIV.)

951 — Clef. — 17e siècle.

952 — Passe-partout. — 17e siècle.

953 — Passe-partout. — 17e siècle.

954 — Clef. — 17e siècle.

955 — Clef. — 17e siècle.

956 — Petite clef. — 17e siècle.

957 — Petite clef. — 17e siècle.

958 — Clef. — 17e siècle.

959 — Clef. — 18e siècle.

960 — Clef. — 18e siècle.

961 — Petite clef. — 17e siècle.

962 — Petite clef. — Travail allemand. 17e siècle.

963 — Petite clef. — Seconde moitié du 17e siècle.

964 — Petite clef. — 17e siècle.

965 — Petite clef. — 17e siècle.

966 — Petite clef. — 18e siècle.

967 — Clef. — 18e siècle.

DINANDERIE

968 — Paire de flambeaux. — 12e siècle.

969 — Flambeau. — 12e siècle.

970 — Flambeau. — 12e siècle.

971 — Flambeau. — 12e siècle.

972 — Flambeau. — 12e siècle.

973 — Coquemar. — 12e siècle.

974 — Coquemar. — 12e siècle.

975 — Coquemar. — 13e siècle.

976 — Coquemar. — 13e siècle.

977 — Coquemar. — 13e siècle.

978 — Aiguière. — 14e siècle.

979 — Coquemar. — 14e siècle.

980 — Aiguière. — 14e siècle.

981 — Aiguière. — 15e siècle.

982 — Aiguière. — 15e siècle.

983 — Aiguière. — 15e siècle.

984 — Aiguière. — 15e siècle.

985 — Aiguière.

986 — Aiguière. — 15e siècle.

987 — Aiguière. — Fin du 15e siècle.

988 — Mortier. — 15e siècle.

989 — Deux flambeaux d'autel. — 16e siècle.

FAÏENCES PERSANES
ET ORIENTALES

990 — Grand plat. — Faïence persane.

991 — Aiguière. — Faïence persane.

992 — Assemblage de trois carreaux. — Faïence persane.

993 — Assemblage de trois carreaux. — Faïence persane.

994 — Frise. — Faïence persane.

995 — Grand carreau. — Faïence persane.

996 — Assemblage de six carreaux. — Faïence persane.

997 — Grand carreau. — Faïence persane.

998 — Carreau rectangulaire.

999 — Carreau rectangulaire.

1000 — Fragment de frise.

1001 — Fragment de frise.

1002 — Carreau.

1003 — Carreau semblable au précédent.

1004 — Fragment de frise.

1005 — Fragment de frise.

1006-1007 — Deux fragments de frise.

1008 — Carreau.

1009 — Carreau.

1010-1011 — Deux carreaux de revêtement.

1012 — Frise composée de trois carreaux.

1013 — Grande plaque de revêtement.

1014 — Grande plaque de revêtement.

1015 — Grand carreau de revêtement.

1016 — Grand carreau de revêtement.

1017 — Grande plaque de revêtement.

FAÏENCES

HISPANO-MORESQUES

1018 — Grand plat. — Fin du 15e siècle.

1019 — Plat creux. — Fabrique de Valence. 15e siècle.

1020 — Plat. — Fabrique de Valence. Fin du 15e siècle.

1021 — Plat. — Fabrique de Valence. Fin du 15e siècle.

1022 — Assiette plate. — Fin du 15e siècle.

1023 — Vase de pharmacie (Albarello). — Fabrique de Valence. Fin du 15e siècle.

1024 — Vase de pharmacie (Albarello). — Fabrique de Valence. Fin du 15e siècle.

1025 — Grand plat. — Fabrique de Valence. 15e siècle.

1026 — Grand plat. — Fabrique de Valence. 15e siècle.

1027 — Plat creux à bords étroits. 16e siècle.

1028 — Petit plat. — Fabrique de Puente del Arzobispo. 16e siècle.

1029 — Petit plat. — Fabrique de Puente del Arzobispo. 16e siècle.

1030 — Plateau d'aiguière. — Fabrique de Manissès. 16e siècle.

1031 — Plateau d'aiguière. — Fabrique de Manissès. 16e siècle.

1032 — Plaques de revêtement. — Travail espagnol. 16e siècle.

1033 — Plaques de revêtement. — Travail espagnol. 16e siècle.

1034 — Plaques de revêtement. — Travail espagnol. 16e siècle.

1035 — Écusson. — Travail espagnol. 16e siècle.

FAÏENCES ITALIENNES

1036 — Plat. — Caffagiolo. Fin du 15e siècle.

1037 — Grand plat creux. — Caffagiolo.

1038 — Grand plat à bords renversés. — Caffagiolo.

1039 — Grand plat. — Caffagiolo.

1040 — Plateau. — Caffagiolo.

1041 — Grand plateau. — Caffagiolo ou Faenza.

1042 — Assiette plate à larges bords. — Caffagiolo.

1043 — Assiette plate. — Caffagiolo.

1044 — Assiette à larges bords. — Caffagiolo. Commencement du 16e siècle.

1045 — Coupe à pied. — Caffagiolo (?) (vers 1530).

1046 — Assiette plate. — Caffagiolo.

1047 — Assiette à larges bords. — Caffagiolo.

1048 — Vase de pharmacie (Albarello). — Faenza (?) Fin du 15e siècle.

1049 — Vase de pharmacie (Albarello). — Faenza (vers 1520).

1050 — Assiette plate à bords renversés. — Faenza. Fin du 15e ou commencement du 16e siècle.

1051 — Plat creux. — Faenza. Casa Pirota (1520).

1052 — Assiette plate. — Faenza. Casa Pirota (vers 1520).

1053 — Assiette plate à larges bords. — Faenza. Casa Pirota (vers 1525).

1054 — Assiette creuse à larges bords. — Faenza. Casa Pirota (vers 1525).

1055 — Assiette creuse à larges bords. — Faenza (vers 1525).

1056 — Coupe à bords renversés. — Faenza (vers 1525).

1057 — Plaque. — Attribué à la fabrique de Forli. Commencement du 16e siècle.

1058 — Assiette creuse à larges bords. — Faenza. Commencement du 16e siècle.

1059 — Petite assiette creuse. — Faenza. Commencement du 16e siècle.

1060 — Plaque. — Faenza ou Forli (vers 1530).

1061 — Assiette plate. — Faenza (vers 1530).

1062 — Grand vase. — Faenza (?) (vers 1530).

1063 — Coupe à fruit. — Faenza (vers 1530).

1064 — Vase en forme d'aiguière. — Faenza (1531).

1065 — Assiette creuse. — Faenza (vers 1540).

1066 — Coupe. — Forli (vers 1540).

1067 — Assiette plate. — Faenza (vers 1540).

1068 — Assiette creuse à larges bords. — Faenza (vers 1540).

1069 — Grand plat. — Faenza. 16e siècle.

1070 — Grand plat creux. — Faenza (?)

1071 — Vase de pharmacie (Albarello). — Faenza. Fin du 15e siècle.

1072 — Vase de pharmacie (Albarello). — Faenza. Fin du 15e siècle.

1073 — Grand plat. — Urbino. Attribué à Niccolò da Urbino.

1074 — Grand plat à larges bords. — Urbino. Niccolò da Urbino.

1075 — Assiette à larges bords. — Urbino. Niccolò da Urbino.

1076 — Coupe à pied. Urbino. Niccolò (?) (vers 1530).

1077 — Coupe à pied. — Urbino. Francesco Xanto (?). Gubbio. Giorgio Andreoli (1529).

1078 — Coupe à pied. — Urbino. Francesco Xanto (1532). Gubbio. Giorgio Andreoli.

1079 — Grand plat. — Urbino. Francesco Xanto (1536).

1080 — Assiette creuse. — Urbino (vers 1535).

1081 — Assiette plate à larges bords. — Urbino. Francesco Xanto (1535). Gubbio. Georgio Andreoli.

1082 — Assiette plate. — Urbino. Atelier de Francesco Xanto (vers 1535).

1083 — Assiette à larges bords. — Urbino (vers 1535).

1084 — Assiette plate. — Urbino. Atelier de Francesco Xanto (vers 1535).

1085 — Assiette à bords renversés. — Urbino. Francesco Xanto (1537).

1086 — Coupe à bords renversés. — Urbino. Francesco Xanto (1538). Retouché à Gubbio.

1087 — Coupe à pied. — Urbino. Francesco Xanto.

1088 — Assiette creuse. — Urbino. Guido de Castel Durante (1535).

1089 — Grand plat ovale. — Urbino. Orazio Fontana. 16e siècle.

1090 — Grand plat trilobé. — Urbino. Orazio Fontana. 16e siècle.

1091 — Grand plat trilobé. — Urbino. Orazio Fontana. 16e siècle.

1092 — Coupe. — Urbino. Attribué à Orazio Fontana.

1093 — Grand vase à couvercle. — Urbino (vers 1550). Atelier d'Orazio Fontana (?).

1094 — Bouteille de forme aplatie. — Urbino. Attribué à Orazio Fontana.

1095 — Bouteille. — Urbino. Atelier des Fontana (?) (vers 1550).

1096 — Grand plat creux. — Urbino (vers 1540).

1097 — Assiette creuse. — Urbino (vers 1540).

1098 — Assiette creuse. — Urbino (vers 1540).

1099 — Grand plat creux. — Urbino (vers 1540).

1100 — Bouteille. — Urbino (vers 1540).

1101 — Vase de pharmacie (Albarello). — Urbino (vers 1540).

1102 — Vase de pharmacie (Albarello). — Urbino (vers 1540).

1103 — Assiette à larges bords. — Urbino (1544).

1104 — Grand plat. — Urbino (?) (vers 1545).

1105 — Grand plat creux. — Urbino (vers 1554).

1106 — Grand plat creux. — Urbino (vers 1550).

1107 — Bouteille. — Urbino (vers 1550).

1108 — Vase en forme de corbeille. — Fabrique d'Urbino. Milieu du 16e siècle.

1109 — Vase. — Fabrique d'Urbino. 16e siècle.

1110 — Vase à deux anses. — Fabrique d'Urbino. Atelier des Fontana. Milieu du 16e siècle.

1111 — Flambeau. — Fabrique d'Urbino. Milieu du 16e siècle.

1112 — Grand vase à deux anses. — Urbino. Milieu du 16e siècle.

1113 — Grand vase à deux anses. — Urbino. Milieu du 16e siècle.

1114 — Vase de pharmacie. — Urbino (?) (1548).

1115 — Grand vase à couvercle. — Urbino (vers 1550).

1116 — Assiette creuse à larges bords. — Urbino (1550).

1117 — Bassin à ombilic saillant. — Castel Durante ou Urbino (vers 1550).

1118 — Salière. — Fabrique d'Urbino (vers 1550).

1119 — Grande vasque circulaire. — Urbino. 16e siècle.

1120 — Grande vasque trilobée. — Urbino. 16e siècle.

1121 — Aiguière. — Urbino (vers 1560).

1122 — Coupe ovale. — Urbino (vers 1560).

1123 — Coupe à bords renversés. — Urbino (vers 1560).

1124 — Coupe à pied. — Urbino (vers 1560).

1125 — Salière. — Urbino (vers 1560).

1126 — Salière. — Urbino (vers 1560).

1127 — Couvercle de coupe d'accouchée. — Urbino (vers 1560).

1128 — Couvercle de coupe. — Urbino (vers 1560).

1129 — Plaque. — Urbino (?) (1567).

1130 — Aiguière. — Urbino (vers 1570).

1131 — Aiguière. — Urbino (vers 1560).

1132 — Grand plat creux. — Urbino. Atelier des Patanazzi (vers 1560).

1133 — Grand plat creux. — Urbino. Atelier des Patanazzi (vers 1560).

1134 — Salière. — Urbino. Atelier des Patanazzi (vers 1560).

1135 — Bouteille. — Urbino. Atelier des Patanazzi (vers 1580).

1136 — Bouteille. — Urbino. Atelier des Patanazzi (vers 1580).

1137 — Grand vase à deux anses. — Urbino. Marc-Antonio Patanazzi (1580).

1138 — Grand vase. — Urbino. Marc-Antonio Patanazzi (1580).

1139 — Grande écritoire. — Urbino. Atelier des Patanazzi (vers 1580).

1140 — Grande écritoire. — Urbino. Atelier des Patanazzi (vers 1580).

1141 — Sainte Cécile jouant de l'orgue. — Groupe de haut-relief. Urbino (vers 1560).

1142 — Plateau d'aiguière. — Urbino (vers 1580).

1143 — Grand plat. — Urbino. Atelier des Fontana.

1144 — Couvercle de coupe d'accouchée. — Urbino. Seconde moitié du 16e siècle.

1145 — Vase à trois anses. — Urbino (?). Fin du 16e siècle.

1146 — Vase de pharmacie (Albarello). — Castel Durante (?). Commencement du 16e siècle.

1147 — Assiette creuse à larges bords. — Castel Durante ou Gubbio (?). Commencement du 16e siècle.

1148 — Coupe ronde à pied. — Castel Durante (1520).

1149 — Assiette creuse à larges bords. — Castel Durante (1522).

1150 — Coupe à pied. — Castel Durante. Atelier de Niccolò da Urbino (vers 1525).

1151 — Plat à larges bords. — Castel Durante (1526).

1152 — Assiette à bords renversés. — Castel Durante (vers 1530).

1153 — Grand plat à larges bords. — Castel Durante (vers 1530).

1154 — Grand plat. — Urbino ou Castel Durante (vers 1535).

1155 — Assiette. — Castel Durante (vers 1535).

1156 — Assiette creuse. — Castel Durante (vers 1535).

1157 — Grand plat. — Castel Durante (?) (vers 1535).

1158 — Coupe à pied. — Castel Durante (?) (vers 1525).

1159 — Coupe à pied. — Castel Durante (?) (vers 1535).

1160 — Coupe à pied. — Urbino ou Castel Durante (vers 1540).

1161 — Grand plat creux. — Castel Durante ou Urbino (vers 1540).

1162 — Assiette à larges bords. — Castel Durante (vers 1540).

1163 — Assiette. — Urbino ou Castel Durante (vers 1540).

1164 — Grand plat creux. — Castel Durante ou Urbino (1540).

1165 — Grand plat creux. — Castel Durante (vers 1540).

1166 — Vase de pharmacie (Albarello). — Castel Durante (vers 1540).

1167 — Vase de pharmacie (Albarello). — Castel Durante (vers 1540).

1168 — Plaque. — Castel Durante (vers 1540).

1169 — Plaque. — Castel Durante (vers 1540).

1170 — Assiette creuse à larges bords. — Castel Durante ou Urbino (1542).

1171 — Coupe à bords renversés. — Castel Durante (?) (1543).

1172 — Assiette. — Castel Durante (1546).

1173 — Assiette creuse. — Urbino (vers 1540).

1174 — Vase de pharmacie (Albarello). — Castel Durante ou Urbino (vers 1550).

1175 — Petite coupe à pied. — Castel Durante. Milieu du 16e siècle.

1176 — Grand vase à une seule anse. — Urbino ou Castel Durante. Milieu du 16e siècle.

1177 — Bouteille de pharmacie. — Castel Durante ou Faenza. Milieu du 16e siècle).

1178 — Bouteille de pharmacie. — Castel Durante ou Faenza. Milieu du 16e siècle.

1179 — Bouteille de pharmacie. — Castel Durante ou Faenza. Milieu du 16e siècle.

1180 — Saucière. — Castel Durante. Milieu du 16e siècle.

1181 — Salière. — Urbino ou Castel Durante (vers 1550).

1182 — Vase de pharmacie (Albarello). — Castel Durante (1562).

1183 — Bouteille aplatie. — Castel Durante ou Urbino (vers 1560).

1184 — Grand vase. — Fabrique de Castel Durante (vers 1580).

1185 — Grand vase. — Castel Durante (vers 1580).

1186 — Plateau. — Montelupo (?). Milieu du 16e siècle.

1187 — Assiette plate. — Montelupo (?). Milieu du 16e siècle.

1188 — Assiette creuse. — Venise (?) (1538).

1189 — Plateau. — Venise. Atelier de Domenico da Venezia (?) (vers 1540).

1190 — Grand plat. — Gubbio. Giorgio Andreoli (1524).

1191 — Coupe à pied bas. — Gubbio. Giorgio Andreoli (1536).

1192 — Assiette creuse. — Gubbio. Fin du 15e siècle.

1193 — Assiette à bords renversés. — Gubbio (1518).

1194 — Assiette plate à larges bords. — Gubbio. Giorgio Andreoli (1519).

1195 — Coupe à pied. — Gubbio (1595).

1196 — Coupe. — Gubbio. Giorgio Andreoli (1520).

1197 — Coupe. — Gubbio (vers 1525).

1198 — Assiette creuse à larges bords. — Gubbio (vers 1525).

1199 — Assiette creuse. — Gubbio (vers 1525).

1200 — Assiette creuse à larges bords. — Gubbio. Giorgio Andreoli (1525) (ancien style).

1201 — Assiette à larges bords. — Gubbio. Giorgio Andreoli (1527).

1202 — Assiette plate à larges bords. — Gubbio. Giorgio Andreoli (1529).

1203 — Coupe à pied. — Gubbio (vers 1530).

1204 — Assiette creuse à larges bords. — Gubbio (vers 1535).

1205 — Assiette. — Gubbio (vers 1535).

1206 — Coupe à pied. — Gubbio (1536).

1207 — Coupe. — Gubbio. Giorgio Andreoli (1537).

1208 — Coupe. — Gubbio. Giorgio Andreoli (1537).

1209 — Plaque à reliefs. — Gubbio. 16e siècle.

1210 — Grand plat creux. — Deruta. Fin du 15e siècle.

1211 — Grand plat creux. — Deruta. Fin du 15e siècle.

1212 — Grand plat creux. — Deruta. Fin du 15e siècle.

1213 — Grand plat creux. — Deruta. Fin du 15e siècle.

1214 — Grand plat creux. — Deruta. Fin du 15e ou commencement du 16e siècle.

1215 — Grand plat creux. — Deruta. Fin du 15e ou commencement du 16e siècle.

1216 — Grand plat creux. — Deruta. Commencement du 16e siècle.

1217 — Grand plat creux. — Deruta. Commencement du 16e siècle.

1218 — Grand plat creux. — Deruta. Commencement du 16e siècle.

1219 — Grand plat creux. — Deruta. Commencement du 16e siècle.

1220 — Grand plat creux. — Deruta. Commencement du 16e siècle.

1221 — Plateau d'aiguière. — Deruta. Commencement du 16e siècle.

1222 — Plateau d'aiguière. — Deruta. Commencement du 16e siècle.

1223 — Plateau d'aiguière. — Deruta. Commencement du 16e siècle.

1224 — Plateau d'aiguière. — Deruta. Commencement du 16e siècle.

1225 — Plateau d'aiguière. — Deruta. Commencement du 16e siècle.

1226 — Grand plat creux. — Deruta. 16e siècle.

1227 — Grand plat creux. — Deruta. 16e siècle.

1228 — Grand plat creux. — Deruta. 16e siècle.

1229 — Grand plat creux. — Deruta. 16e siècle.

1230 — Grand plat creux. — Deruta. 16e siècle.

1231 — Grand plat creux. — Deruta. Milieu du 16e siècle.

1232 — Plateau d'aiguière. — Deruta (vers 1540).

1233 — Assiette creuse. — Deruta. Commencement du 16e siècle.

1234 — Aiguière. — Deruta. Commencement du 16e siècle.

1235 — Vase à deux anses. — Deruta. Commencement du 16e siècle.

1236 — Vase de pharmacie à deux anses. — Deruta. Commencement du 16e siècle.

1237 — Coupe à pied. — Deruta (vers 1525).

1238 — Assiette plate à larges bords. — Deruta (vers 1530).

1239 — Plateau d'aiguière. — Deruta. Francesco d'Urbino (1535).

1240 — Bassin d'aiguière. — Deruta. Il Frate (1545).

1241 — Grand plat creux. — Deruta. Attribué au Frate (vers 1545).

1242 — Grand plat creux. — Deruta. 16e siècle.

1143 — Grand plat. — Deruta. Commencement du 16e siècle.

1244 — Grand plat. — Deruta. Commencement du 16e siècle.

1245 — Grand plat. — Deruta. Commencement du 16e siècle.

1246 — Grand plat. — Deruta. Commencement du 16e siècle.

1247 — Grand plat. — Deruta. Commencement du 16e siècle.

1248 — Vase à deux anses. — Deruta. 16e siècle.

1249 — Vase à deux anses. — Deruta. 16e siècle.

1250 — Vase de pharmacie (Albarello). — Italie. Milieu du 16e siècle.

1251 — Vase de pharmacie (Albarello). — Italie. Milieu du 16e siècle.

1252 — Vase de pharmacie. — Italie. Commencement du 16e siècle.

1253 — Gourde. — Terre vernissée à la Castellana. 16e siècle.

1254 — Petit vase à trois goulots. — Porcelaine dite des Médicis. Florence. 16e siècle.

1255 — Coupe. — Fabrique de Venise (vers 1550).

1256 — Aiguière. — Fabrique de Venise. 16e siècle.

1257 — Vase. — Fabrique de Deruta. Commencement du 16e siècle.

1258 — Plaque. — Fabrique d'Urbino (1541).

1259 — Plaque. — Fabrique de Venise. 16e siècle.

1260 — Plaque de revêtement. — Fabrique de Sienne. Commencement du 16e siècle.

MARBRES & PIERRES

1261 — La Vierge et l'Enfant Jésus. — Marbre blanc. Travail français. 14e siècle.

1262 — Portrait de Ferdinand d'Aragon, roi de Naples. — Bas-relief en marbre blanc. Travail italien. 15e siècle.

1263 à 1266 — Quatre colonnes. — Marbre. Travail italien. — Fin du 15e siècle.

1267 — La Vierge et l'Enfant Jésus. — Bas-relief en marbre. Italie. Fin du 15e siècle.

1268 — La Vierge, l'Enfant Jésus et sainte Anne. — Bas-relief. Travail flamand. Fin du 15e siècle.

1269 — La Cène. — Bas-relief en albâtre. Travail allemand. 15e siècle.

1270 — Grand monument composé de vingt-huit bas-reliefs en marbre. — Attribué à Antonio Lombardi.

1271 — Un Donateur et sa famille. — Bas-relief en pierre. Travail français (vers 1520).

1272 — Grande cheminée. — Pierre sculptée. Travail français (vers 1525).

1273 — Grande cheminée. — Pierre. Travail français (vers 1525).

1274 — Grande cheminée. — Pierre d'Istrie. Travail vénitien. 16e siècle.

1275 — Cheminée. — Pierre d'Istrie. Travail vénitien. 16e siècle.

1276 — Octave Farnèse. — Buste en marbre. Travail italien. 16e siècle.

1277 — L'Empereur Domitien. — Buste. Imitation de l'antique. Travail italien. 16e siècle.

1278 — L'Empereur Antonin le Pieux. — Buste. Imitation de l'antique. Travail italien. 16e siècle.

1279 — Buste de jeune enfant. — Travail italien. 16e siècle.

1280 — Buste d'homme. — Médaillon en marbre blanc. Travail italien. 16e siècle.

1281 — Buste de femme (Minerve?) — Médaillon en marbre blanc. Travail italien. 16e siècle.

1282 — La Circoncision. — Bas-relief en albâtre. Travail allemand. 16e siècle.

1283 — La Cène. — L'Ascension. — Albâtre rehaussé d'or. Travail flamand. 16e siècle.

1284 — L'Adoration des bergers. — La Résurrection. — Albâtre rehaussé d'or. Travail flamand. 16e siècle.

1285 — Médaillon. — Marbre blanc. Travail italien. 16e siècle.

1286 — Médaillon. — Marbre blanc. Travail italien. 16e siècle.

TERRES CUITES

1287 — La Vierge, l'Enfant Jésus et deux Anges. — Terre cuite peinte. Lucca della Robbia.

1288 — La Vierge adorant l'Enfant Jésus. — Lucca della Robbia.

1289 — L'Ascension. — Bas-relief en terre émaillée. Attribué à Andrea della Robbia.

1290 — Empereur romain. — Médaillon en terre émaillée. Attribué à Andrea della Robbia.

1291 — Saint Jean l'Évangéliste. — Médaillon en terre émaillée. Attribué à Andrea della Robbia.

1292 — Buste d'homme. — Terre émaillée. Giovanni della Robbia.

1293 — Un Guerrier. — Bas-relief en terre cuite. Travail italien. 15e siècle.

1294 — Buste de femme. — Terre cuite. Travail italien. École des della Robbia. 16e siècle.

1295 — L'Annonciation. — Bas-relief en terre cuite émaillée. Giovanni della Robbia. 16e siècle.

1296 — La Vierge et sainte Anne. — Groupe en terre cuite. Italie. Fin du 16e siècle.

1297 — Buste de femme. — Terre cuite. Travail italien. 16e siècle.

1298 — Buste d'homme. — Travail allemand. 16e siècle.

1299 — Le Dieu Mars. — Terre cuite émaillée. Travail allemand. 16e siècle.

1300 — Portrait d'homme. — Bas-relief peint et doré. Travail allemand (1545).

MÉDAILLES ITALIENNES

1301 — Goro Gualteruzzia. — Cavino.

1302 — Le Cardinal Pietro Bembo († 1547). — Benvenuto Cellini.

1303 — Alessandro Sforza, seigneur de Pesaro († 1468) et Costanzo Sforza. — Gianfrancesco Enzola.

1304 — Jean Dumas, seigneur de Lisle, chambellan du roi Charles VIII. — Niccolò di Forzore Spinelli dit Niccolò Fiorentino.

1305 — Antoine, grand bâtard de Bourgogne († 1504). — Anonyme italien. 15e siècle.

1306 — Antonio de Santa Maria.

1307 — Vittorino de Feltre. — Vittore Pisano.

1308 — Consistoire de Paul II.

1309 — Jeanne de Laval. — Francesco Laurana (1462).

1310 — André Tiraqueau († 1523). — Anonyme italien. 16e siècle.

1311 — Inconnu. — Anonyme italien. Fin du 15e siècle ou commencement du 16e siècle.

1312 — Battista Salvatorini († 1590). — Anonyme italien. 16e siècle.

1313 — Girolamo Donato. — Anonyme italien. Commencement du 16e siècle.

1314 — Girolamo Fabiani. — Anonyme italien. 16e siècle.

1315 — Andrea Briosco dit Il Riccio. — Riccio.

1316 — Alessandro Bassiano et Giovanni Cavino. Marco Mantova Benavides. — Cavino.

1317 — Luca Salvioni. — Cavino.

1318 — Gianfrancesco Trivulzio, marquis de Vigevano († 1573). — Anonyme italien. 17e siècle.

1319 — Ferdinando Loffredi, marquis de Trevico († après 1570). — 16e siècle.

1320 — Luis de Zuniga y Requesens († 1576). — Anteo. Nord de l'Italie. 16e siècle.

1321 — Marguerite d'Autriche. — Anonyme italien. 16e siècle.

1322 — Jacopa da Corregio. — Anonyme italien. Commencement du 16e siècle.

1323 — Vittore Gambello dit Camelio. — Vittore Gambello (1508).

1324 — Le Cardinal Pietro Bembo († 1547). — Attribué à Valerio Belli.

1325 — Isabelle d'Este, femme de Gianfrancesco II, marquis de Mantoue. — Paolo Romano.

1326 — Niccolo Puzzolo. — Anonyme italien. Fin du 15e siècle.

1327 — Vittore Pisano. — Vittore Pisano.

1328 — Le Cardinal Scarampi, patriarche d'Aquilée († 1465).

1329 — Le Pape Léon X. — Attribué à Francesco da Sangallo.

1330 — L'Empereur Auguste. — Christoforo di Geremia.

1331 — Elia Delatas. — Anonyme italien (1562).

1332 — Marc-Aurèle. — Cavino.

1333 — Le Pape Sixte IV. — Andrea Guazzalotti.

1334 — Costanzo Sforza. — Gianfrancesco Enzola de Parme.

1335 — Caracalla († 217). — Giovanni Boldù.

1336 — Alphonse II d'Avalos († 1546). — Anonyme italien. 16e siècle.

1337 — Philippe de Médicis († 1472). — Anonyme italien du 15e siècle.

1338 — Hercule II d'Este, duc de Ferrare († 1559).

1339 — Isabelle, femme de Ferdinand de Gonzague († 1559). — Jacopo da Trezzo.

1340 — Alfonse d'Este.—Anonyme italien. 16e siècle.

1341 — Faustina Sforza, marquise de Caravaggio.— Pietro Paolo Galeotti, dit Pietro Paolo Romano.

1342 — Louis III, deuxième marquis de Mantoue (1478). — Melioli.

1343 — Girolamo, comte de Panico, et Pompeo Lodovisi. — Cavino.

1344 — Gracia Nasi. — Pastorino.

1345 — Lodovico Regio. — Anonyme italien. 16e siècle.

1346 — Charles le Téméraire, duc de Bourgogne. — Travail italien. 15e siècle.

1347 — Personnage inconnu de la famille Carrara.— 16e siècle.

1348 — Louis, duc de Montalte. — 17e siècle.

1349 — François Ier, roi de France. — Travail italien. 16e siècle.

1350 — Marie Tudor, reine d'Angleterre. — Jacopo da Trezzo.

1351 — Médaille de piété. — 16e siècle.

1352 — Jeanne, fille de Charles-Quint. — Gian-Paolo Poggini.

1353 — Albert et Wenceslas, archiducs d'Autriche. — Antonio Abbondio.

1354 — Charles-Quint et Philippe, infant d'Espagne.

1355 — Charles-Quint. — Leone Leoni.

1356 — Charles-Quint. — Leone Leoni.

1357 — Maximilien et Marie de Bourgogne. — 15e siècle.

1358 — Maximilien et Marie de Bourgogne. — 15e siècle.

1359 — Marguerite de Foix, marquise de Saluces, femme de Louis II, marquis de Saluces, mort en 1504 (1516).

1360 — Jean-Gaston I, septième grand-duc de Toscane. — 18e siècle.

1361 — La Reine Christine de Suède. — 17e siècle.

1362 — Malatesta Novello, seigneur de Cesena († 1465). — Vittore Pisano.

1363 — Niccolò Piccinino († 1444). —Vittore Pisano.

1364 — Le Pape Clément VII. — Benvenuto Cellini.

1365 — Antonia des Baux, femme de Gianfrancesco Gonzague, seigneur de Sabionetta. — Pier Jacopo Ilario dit l'Antico.

1366 — Andrea Griti, procurateur de Saint-Marc, puis doge de Venise († 1532). — Anonyme italien. Commencement du 16e siècle.

1367 — Femme inconnue. — Anonyme italien. 16e siècle.

1368 — Andrea Caraffa, comte de San Severino, vice-roi de Naples († 1526). — Anonyme italien.

1369 — Jean II Bentivoglio. — Sperandio.

1370 — Alphonse d'Aragon, roi de Naples († 1458). — Christoforo di Geremia.

1371 — Niccolò Orsini, comte de Petigliano et de Nola († 1510). — Anonyme italien. Fin du 15e siècle.

1372 — Tiberio Deciano, jurisconsulte, né à Aronzo en Frioul († 1581). — Cavino.

1373 — Gian Battista Orsini. — Anonyme italien. 16e siècle.

1374 — Cosme de Médicis l'ancien († 1464). — Anonyme italien. 15e siècle.

1375 — Lionello Pio de Carpi († 1535). — Anonyme italien. 16e siècle.

1376 — Giovanni Dulci. — Cavino.

1377 — Francesco Quirini. — Cavino.

1378 — Isotta Atti, de Rimini, femme de Sigismond Pandolfe Malatesta. — Matteo de' Pasti.

1379 — Tiziano Vecelli. — Leone Leoni.

1380 — Girolamo Grimani. — Anonyme italien. 16e siècle.

1381 — Marco Barbadigo, doge de Venise (1486). — Anonyme italien. 15e siècle.

1382 — Helena Marsupini, femme de Francesco da Sangallo. — Francesco da Sangallo.

1383 — Le Cardinal Alidosi († 1511). — Francesco Raibolini dit Il Francia.

1384 — Sigismond Pandolfe Malatesta, seigneur de Rimini. — Vittore Pisano.

1385 — Gian-Paolo Zuponi, Padouan. — Cavino.

1386 — Jean-François II de Gonzague, marquis de Mantoue († 1519). — Melioli.

1387 — Philippe-Marie Visconti, duc de Milan († 1447). — Vittore Pisano.

1388 — Le Cardinal Domenico Grimani († 1523). — Vittore Gambello dit Camelio.

1389 — Lionel d'Este. — Vittore Pisano.

1390 — Éléonore d'Autriche, femme de Guglielmo I Gonzaga, duc de Mantoue († 1594).— Pastorino.

1391 — Gianello della Torre († 1583). — Leone Leoni.

1392 — Sigismond Pandolfe Malatesta, seigneur de Rimini († 1468). — Matteo de' Pasti.

1393 — Julien de Médicis.

1394 — Alexandre de Médicis et Cosme de Médicis. — Anonyme italien. 16e siècle.

1395 — Claire de Gonzague, femme de Gilbert de Bourbon, comte de Montpensier († 1503). — Anonyme italien. Fin du 15e siècle.

1396 — Alphonse II d'Aragon, roi de Naples. — Andrea Guazzalotti.

1397 — Le Cardinal Granvelle. — Leone Leoni (?).

MÉDAILLES ALLEMANDES

1398 — Albert Dürer.

1399 — Martin Luther.

1400 — Charles-Quint.

1401 — Charles-Quint.

1402 — Charles-Quint, empereur, et Ferdinand, roi des Romains.

1403 — Ferdinand et Anne, archiduc et archiduchesse d'Autriche.

1404 — Ferdinand Ier, empereur.

1405 — Charles-Quint, empereur, et Ferdinand, roi des Romains.

1406 — Stephan Westner.

1407 — Jean Burgkmair.

1408 — Jean Scheyfve.

1409 — Jean de Leyde.

1410 — Sigismond de Herberstein.

1411 — Étienne Schlick.

1412 — Jean Neudorffer.

1413 — Jean-Frédéric, électeur de Saxe (1535).

1414 — Guillaume II et Guillaume III, princes d'Orange.

1415 — Conrad Peutinger.

1416 — Gaspar Nævius et sa femme, Barbara Stromer.

1417 — Christophe Ungelter.

1418 — Ulrich Hein.

1419 — Maurice de Nassau, prince d'Orange.

1420 — Hans Hebner.

1421 — Buste d'homme.

1422 — Buste de femme.

1423 — Personnage inconnu.—Allemagne. 16e siècle.

1424 — L'Empereur Charles-Quint.

1425 — L'Empereur Charles-Quint.

1426 — Willibald de Redwitz, évêque de Bamberg.

1427 — Le Pape Adrien VI.

1428 — Philippe, duc de Bavière.

MÉDAILLES FRANÇAISES

1429 — Louis XII et Anne de Bretagne. — Lyon. Nicolas et Jean de Saint-Priest (1499).

1430 — Henri II, roi de France.

1431 — Henri II, roi de France.

1432 — Le Connétable Anne de Montmorency.

1433 — Antoine de Bourbon, roi de Navarre.

1434 — Henri IV et Marie de Médicis. — Dupré (1603).

1435 — Marie de Médicis. — Dupré (1611).

1436 — Louis XIII et Marie de Médicis (1614).

1437 — Anne d'Autriche.

1438 — Le Cardinal de Richelieu. — J. Warin.

1439 — Marie-Madeleine d'Autriche, grande-duchesse de Toscane. — Dupré.

1440 — Charles de Valois.

1441 — Coyrenot.

1442 — Max. Morillon.

1443 — Jacques Boiceau, seigneur de la Barrauderie, intendant des jardins du roi Louis XIII. — Dupré (1624).

1444 — Charles Grolier, prévôt des marchands de Lyon. — Warin (1651).

1445 — Christine de Lorraine, grande-duchesse de Toscane. — Dupré.

BRONZES

1446 — Bénitier portatif. — 12e siècle.

1447 — L'Enfant Jésus. — Travail florentin. Fin du 15e siècle.

1448 — Marc-Aurèle. — Travail italien. 15e siècle.

1449 — Neptune. — Attribué à Andrea Briosco dit Il Riccio. Fin du 15e siècle.

1450 — Encrier. — Padoue. 15e siècle.

1451 — Satyre. — École de Padoue. Fin du 15e siècle.

1452 — Encrier. — École de Padoue. Fin du 15e siècle.

1453 — Encrier. — Nord de l'Italie. Fin du 15e ou commencement du 16e siècle.

1454 — Un Cavalier antique. — Andrea Briosco dit Il Riccio. Padoue. Fin du 15e ou commencement du 16e siècle.

1455 — Satyre. — École de Padoue. Fin du 15e siècle.

1456 — Peter Vischer. — Peter Vischer. Nuremberg. Commencement du 16e siècle.

1457 — Buste de femme âgée. — Venise. 15e siècle.

1458 — Buste de jeune homme. — Venise. 15e siècle.

1459 — Un Cyclope. — Travail italien. 16e siècle.

1460 — Vénus. — Italie. 16e siècle.

1461 — Mercure et un enfant. — Italie. Fin du 16e siècle.

1462 — Une Femme jouant avec un enfant. — École florentine. 16e siècle.

1463 — Un Guerrier. — Italie. École de Jean Bologne. 16e siècle.

1464 — Cérès. — École de Jean Bologne. Fin du 16e siècle.

1465 — Vénus sortant du bain. — École de Jean Bologne. Fin du 16e siècle.

1466 — Femme couchée. — École de Jean Bologne. Fin du 16e siècle.

1467 — Femme porte-lumière. — Italie. Fin du 16e siècle.

1468 — Satyre porte-lumière. — Italie. Fin du 16e siècle.

1469 — Satyre et jeune Satyre. — 17e siècle.

1470 — La Mort de Laocoon. — Travail italien. 17e siècle.

1471 — La Mort d'Adonis. — Groupe. Travail italien. 17e siècle.

1472 — Lampe. — École de Padoue. Fin du 15e siècle.

1473 — Lampe. — École de Padoue. Fin du 15e siècle.

1474 — Deux flambeaux d'autel. — Travail vénitien. 16e siècle.

1475 — Deux flambeaux d'autel.

1476 — Deux flambeaux. — Italie du Nord. Commencement du 16e siècle.

1477 — Bacchus. — Venise. 16e siècle.

1478 — Hercule. — Venise. 16e siècle.

1479 — Deux flambeaux. — Travail vénitien. Fin du 16e siècle.

1480 — Chenet. — Travail vénitien. 16e siècle.

1481 — Chenet.

1482 — Encrier. — Travail allemand. 16e siècle.

1483 — Encrier. — Travail italien. 16e siècle.

1484 — Encrier. — École vénitienne. 16e siècle.

1485 — Encrier. — École vénitienne. 16e siècle.

1486 — Grand marteau de porte. — École vénitienne. 16e siècle.

1487 — Grand marteau de porte. — École vénitienne. 16e siècle.

1488 — Grand marteau de porte. — École vénitienne. 16e siècle.

1489 — Vase. — Italie. 16e siècle.

1490 — Vase. — Italie. 16e siècle.

1491 — Mortier. — Venise. Fin du 15e siècle.

1492 — Mortier. — Italie. 16e siècle.

1493 — Mortier. — Travail allemand (1593).

1494 — Sonnette. — Travail italien. 16e siècle.

1495 — Buste de femme.

1495 bis — Un Guerrier antique. — Italie. 16e siècle.

1495 *ter* — Le Tireur d'épine. — Travail italien. 15e siècle.

PLAQUETTES

1496 — Un Homme et une femme. — Travail vénitien, Commencement du 16e siècle.

1497 — Un Centaure. — Travail italien. 15e siècle.

1498 — Apollon et Diane. — Imitation de l'antique. 15e siècle.

1499 — Triomphe de l'Amour. — École de Donatello.

1500 — Jeux d'amours. — École de Donatello.

1501 — Méléagre. — Attribué à Melioli.

1502 — Une Offrande. — Attribué à Melioli.

1503 — Amour endormi. — Attribué à Fra. Antonio da Brescia.

1504 — L'Abondance et un Satyre. — Attribué à Fra. Antonio da Brescia.

1505 — Pommeau d'épée composé de deux plaquettes. — Giovanni di Pietro delle Opere dit Giovanni delle Corniole.

1506 — David vainqueur de Goliath. — Moderno.

1507 — L'Adoration des Mages. — Moderno.

1508 — La Flagellation. — Moderno.

1509 — La Crucifixion. — Moderno.

1510 — La Mise au tombeau. — Moderno.

1511 — La Chute de Phaéton. — Moderno.

1512 — Hercule et le lion de Némée. — Moderno.

1513 — Hercule nettoyant les écuries d'Augias. — Moderno.

1514 — Un Combat. — Moderno.

1515 — Judith. — Andrea Briosco dit Il Riccio.

1516 — La Mise au tombeau. — Andrea Briosco dit Il Riccio.

1517 — Vénus châtiant l'Amour. — Andrea Briosco dit Il Riccio.

1518 — La Mort de Didon. — Andrea Briosco dit Il Riccio.

1519 — Un Sacrifice antique. — Andrea Briosco dit Il Riccio.

1520 — Allégorie sur la Vertu et la Renommée. — Andrea Briosco dit Il Riccio.

1521 — L'Adoration des Mages. — Valerio Belli.

1522 — Entrée du Christ à Jérusalem. — Valerio Belli.

1523 — Le Baiser de Judas. — Valerio Belli.

1524 — Jésus devant Pilate. — Valerio Belli.

1525 — Ecce homo. — Valerio Belli.

1526 — Le Portement de croix. — Valerio Belli.

1527 — La Mise au tombeau. — Valerio Belli.

1528 — Descente du Christ aux limbes. — Valerio Belli.

1529 — L'Incrédulité de saint Thomas. — Valerio Belli.

1530 — Combat de cavalerie. — Giovanni Bernardi de Castelbolognese.

1531 — La Vierge et l'Enfant Jésus. — École de Padoue. 15e siècle.

1532 — La Vierge et l'Enfant Jésus entourés d'anges. École de Padoue. 15e siècle.

1533 — La Descente de croix. — École de Padoue.

1534 — Un Saint délivrant une possédée. — École de Padoue. 15e siècle.

1535 — Mercure et Minerve. — Vénus et l'Amour. — École de Padoue. Fin du 15e siècle.

1536 — Hercule et le lion de Némée. — École de Padoue. Fin du 15e siècle.

1537 — Allégorie sur la destinée. — École de Padoue. Fin du 15e siècle.

1538 — Auguste et la Sibylle. — École de Padoue. Fin du 15e siècle.

1539 — Masque de Méduse. — École de Padoue. 15e siècle.

1540 — La Charité romaine. — École vénitienne. Commencement du 16e siècle.

1541 — Vulcain, Vénus et l'Amour. — Italie du Nord. Fin du 15e siècle.

1542 — Vulcain forgeant les flèches de l'Amour. — Italie du Nord. Fin du 15e siècle.

1543 — Les Travaux d'Hercule. — Italie du Nord. Commencement du 16e siècle.

1544 — Une Amazone. — Italie du Nord. 15e siècle.

1545 — Un Laboureur. — Italie. 15e siècle.

1546 — Une Famille. — Italie du Nord. 15e siècle.

1547 — Sujet antique. — Italie du Nord. 15e siècle.

1548 — Le Centaure Chiron. — Italie du Nord. Fin du 15e siècle.

1549 — Hercule et le taureau de Crète. — Travail italien. Fin du 15e siècle.

1550 — La Vierge et l'Enfant Jésus. — Travail de l'Italie du Nord. 15e siècle.

1551 — La Vierge et l'Enfant Jésus. — Travail florentin. 15e siècle.

1552 — L'Adoration des Mages. — Italie du Nord Commencement du 16e siècle.

1553 — Saint Mathieu. — Travail florentin. 16e siècle.

1554 — Saint Sébastien. — Travail vénitien. 16e siècle.

1555 — Un Flûteur. — Travail italien. 16e siècle.

1556 — Un Combat. — Travail italien. 16e siècle.

1557 — Orphée charmant les animaux. — Travail italien. Première moitié du 16e siècle.

1558 — Martyre d'un saint. — Travail italien. Seconde moitié du 16e siècle.

1559 — Centaures et Satyre se disputant une femme. — Travail italien. 16e siècle.

1560 — La Musique. — Travail italien. Commencement du 16e siècle.

1561 — Un Combat. — Travail italien. 16e siècle.

1562 — Un Philosophe. — Travail italien. Fin du 15e siècle.

1563 — L'Amour poursuivi par des abeilles. — Travail allemand. 16e siècle.

1564 — Triomphe de la pauvreté. — Travail italien. 16e siècle.

1565 — Sacrifice d'Iphigénie. — Travail italien. 16e siècle.

1566 — Triomphe de la Sagesse. — Travail italien. 16e siècle.

1567 — Mars. — Travail italien. 16e siècle.

1568 — Saint Bastien, sainte Cécile et saint Roch. — Travail italien. Fin du 16e siècle.

1569 — Pietà. — Travail italien. 16e siècle.

1570 — La Mort d'Adonis. — Travail italien. 16e siècle.

1571 — Un Combat. — Travail italien ou français. Première moitié du 16e siècle.

1572 — Pyrame et Thisbé. — Travail italien. Fin du 16e siècle.

1573 — Légende du roi de Mercie. — La Vierge. — Travail allemand. Fin du 15e siècle.

1574 — Légende du roi de Mercie. — Travail allemand. 15e siècle.

1575 — Le Portement de croix. — Travail allemand. Commencement du 16e siècle.

1576 — Scène de chasse. — Travail allemand. Première moitié du 16e siècle.

1577 — L'Été. — Travail français ou allemand. 16e siècle.

1578 — Le Retour de l'Enfant prodigue. — Travail allemand. 16e siècle.

1579 — Scène de l'histoire de l'Enfant prodigue. — Travail allemand. 16e siècle.

1580 — Sujet romain. — Travail allemand. Fin du 16e siècle.

1581 — Suzanne. — Travail allemand. 16e siècle.

1582 — Le Christ mort entre deux anges. — Travail allemand. 16e siècle.

1583 — La Charité. — Travail allemand. 16e siècle.

1584 — Saint Joseph et l'Enfant Jésus. — Travail allemand. Seconde moitié du 16e siècle.

1585 — La Résurrection du Christ. — Travail italien ou allemand. 16e siècle.

1586 — L'Astronomie. — Travail allemand. 16e siècle.

1587 — Le Christ mort et deux anges. — Travail allemand. 16e siècle.

1588 — Scène de chasse. — Travail allemand. 16e siècle.

1589 — Neptune. — Travail allemand. Fin du 16e siècle.

1590 — Minerve. — Travail hollandais. Paul van Vianen. Fin du 16e siècle.

1591 — Guerrier à cheval. — Modèle de sceau. 16e siècle.

1592 — La Vierge, l'Enfant Jésus et les anges. — Travail flamand. Fin du 15e siècle.

1593 — La Vierge et l'Enfant Jésus. — Travail flamand. Fin du 15e siècle.

1594 — Pierre de Provence et la belle Maguelonne. — Travail français. Fin du 15e ou commencement du 16e siècle.

1595 — Allégorie. — Travail français (?). 16e siècle.

1596 — Les Arts libéraux. — Travail français. 17e siècle.

1597 — Minerve recevant une couronne de la Religion. 17e siècle.

1598 — Bacchante. — École de Padoue. Fin du 15e siècle.

1599 — Deux Centaures. — École de Padoue. 15e siècle.

1600 — Hercule et l'hydre de Lerne. École de Padoue. Fin du 15e siècle.

1601 — Hercule et le lion de Némée. — École de Padoue. Fin du 15e siècle.

1602 — Bacchus découvrant Ariadne. — Italie. 15e siècle.

1603 — Pommeau d'épée composé de deux plaquettes. — Nord de l'Italie. Commencement du 16e siècle.

1604 — Ariadne dans l'île de Naxos. — Giovanni di Pietro delle Opere dit Giovanni delle Corniole.

1605 — Le Jugement de Pâris. — Giovanni di Pietro delle Opere dit Giovanni delle Corniole.

1606 — Chasse au lion. — Moderno.

1607 — Scène maritime. — Caradosso.

1608 — Silène battu par les bacchantes. — Caradosso.

1609 — La Vierge, l'Enfant Jésus et saint Jean. — Venise. Fin du 16e siècle.

1610 — L'Adoration des rois. — Allemagne. 16e siècle.

1611 — Une Femme. — Attribué à Peter Vischer. Allemagne. 16e siècle.

1612 — Le Sacrifice d'Abraham. — Allemagne. 16e siècle.

1613 — Pietà. — Allemagne. 16e siècle.

1614 — Loth et ses filles. — Allemagne. 16e siècle.

FAÏENCES & GRÈS
DE FLANDRE ET D'ALLEMAGNE

1615 — Modèle de poêle en grès noir. — Travail allemand (1550).

1616 — Vase en forme de hibou. — Faïence allemande (1555).

1617 — Cannette en grès blanc. — Travail allemand. Siegburg (1570).

1618 — Cannette en grès blanc. — Travail allemand. Siegburg (1573).

1619 — Cannette en grès blanc. — Travail allemand. Siegburg (1574).

1620 — Vase en grès bleu. — Travail allemand. Siegburg (1691).

1621 — Cannette en grès blanc. — Travail allemand. Siegburg (1574).

1622 — Grande cruche en grès brun. — Travail allemand. Raeren (1576).

1623 — Cannette en grès blanc. — Travail allemand. Siegburg (1580).

1624 — Grande cannette. — Travail allemand. Raeren (1583).

1625 — Cruche en grès brun. — Travail allemand. Raeren (1584).

1626 — Cruche. — Travail allemand. Raeren (1584).

1627 — Bouteille à deux goulots. — Travail allemand. Cologne (1539).

1628 — Cruche en grès gris et bleu. — Travail allemand. Raeren (1589).

1629 — Très grande cruche grise et bleue. — Travail allemand. Raeren (1589).

1630 — Cruche grise et bleu. — Travail flamand (1589).

1631 — Grande cruche en grès blanc et bleu. — Travail allemand. Raeren.

1632 — Cruche en grès gris et bleu. — Travail allemand. Raeren (1590).

1633 — Petite cruche. — Travail allemand. Siegburg (1591).

1634 — Petite cruche. — Travail allemand. Siegburg (1591).

1635 — Aiguière grise et bleue. — Travail allemand. Raeren (1591).

1636 — Cruche en grès blanc. — Travail allemand. Siegburg (1593).

1637 — Grosse cruche. — Travail allemand. Nassau (1594).

1638 — Bouteille bleue et grise. — Travail allemand. Raeren (1595).

1639 — Cruche à panse sphérique et godronnée. — Travail allemand. Siegburg (1595).

1640 — Grande bouteille à panse aplatie. — Travail allemand. Siegburg (1596).

1641 — Cruche en grès blanc. — Travail allemand. Siegburg (1597).

1642 — Cruche en grès brun. — Travail allemand. Raeren (1599).

1643 — Grande bouteille à panse aplatie. — Travail allemand. Siegburg. 16e siècle.

1644 — Aiguière en grès blanc. — Travail allemand. Siegburg. 16e siècle.

1645 — Cruche en grès blanc jaunâtre. — Travail allemand. Siegburg. 16e siècle.

1646 — Grosse cruche. — Travail allemand. Raeren. 16e siècle.

1647 — Cruche. — Travail allemand. Raeren. 16e siècle.

1648 — Grande cruche en grès brun. — Travail allemand. Raeren. 16e siècle.

1649 — Cruche. — Travail allemand. Raeren. 16e siècle.

1650 — Cruche. — Travail allemand. Raeren. 16e siècle.

1651 — Bouteille de chasse. — Travail allemand. Nassau. 16e siècle.

1652 — Petite cruche. — Travail allemand. Nassau. 16e siècle.

1653 — Petite gourde de forme aplatie. — Travail allemand. Raeren. 16e siècle.

1654 — Cruche grise et bleue. — Travail allemand. Raeren. 16e siècle.

1655 — Cruche à long bec. — Travail allemand. Nassau. 16e siècle.

1656 — Cruche à long bec. — Travail allemand. Raeren. 16e siècle.

1657 — Cruche. — Travail allemand. Siegburg. 16e siècle.

1658 — Petite cruche en grès bleu. — Travail allemand. 17e siècle.

1659 — Cruche en terre émaillée. — Travail allemand (?). 16e siècle.

1660 — Petit pot en forme de tonneau. — Travail allemand. 16e siècle.

1661 — Cannette en grès blanc. — Travail allemand. Siegburg. 16e siècle.

1662 — Cannette en grès blanc. — Travail allemand. Siegburg. 16e siècle.

1663 — Vase gris et bleu. — Travail allemand. Raeren. 16e siècle.

1664 — Grande cruche bleue et grise. — Travail allemand. Nassau. 16e siècle.

1665 — Cruche grise et bleue. — Travail allemand. Raeren. Fin du 16e siècle.

1666 — Cannette en grès blanc. — Travail allemand. Siegburg. Fin du 16e siècle.

1667 — Cruche en grès gris et bleu. — Travail allemand. Nassau. Fin du 16e siècle.

1668 — Chope en grès brun. — Travail allemand. Kreussen. Fin du 16e siècle.

1669 — Grande cruche en grès gris et bleu. — Travail allemand. Raeren. Fin du 16e siècle.

1670 — Grande fontaine à deux anses. — Terre émaillée. Travail allemand. Manière de Hirschvogel. 16e siècle.

1671 — Gourde plate à deux lobes. Terre émaillée. Travail allemand. Manière de Hirschvogel. 16e siècle.

1672 — Grande bouteille grise et bleue. — Travail allemand. Nassau (1601).

1673 — Cruche en grès gris et bleu. — Travail allemand. Nassau (1601).

1674 — Grande cruche grise et bleue. — Travail allemand. Raeren (1602).

1675 — Cruche en grès brun. — Travail allemand. Raeren (1602).

1676 — Très grande cruche. — Travail allemand. Raeren. (1602).

1677 — Grande cruche en grès gris et bleu. — Travail allemand. Raeren (1602).

1678 — Cruche. — Travail allemand. Nassau (1614).

1679 — Grande cruche grise et bleue. — Travail allemand. Nassau (1615).

1680 — Grande cruche grise et bleue. — Travail allemand. Nassau (1633).

1681 — Cruche. — Travail allemand. Nassau (1676).

1682 — Cruche. — Travail allemand. Nassau (1686).

1683 — Cruche. — Travail allemand. Nassau. 17e siècle.

1684 — Petite cruche bleue et grise. — Travail allemand. Raeren. 17e siècle.

1685 — Bouteille à long col. — Travail allemand. Nassau. 17e siècle.

1686 — Petite cruche bleue et grise. — Travail allemand. Raeren. 17e siècle.

1687 — Grande cannette. — Travail allemand. 17. siècle.

1688 — Grand pot en grès polychrome. — Travail allemand. Kreussen. Commencement du 17e siècle.

1689 — Petit pot en grès brun. — Travail allemand. 17e siècle.

1690 — Chope en grès polychrome. — Fabrique de Kreussen (1656).

1691 — Chope en grès polychrome. — Fabrique de Kreussen (1667).

1692 — Chope en grès polychrome. — Fabrique de Kreussen. 17e siècle.

1693 — Chope en grès polychrome. — Fabrique de Kreussen. 17e siècle.

1694 — Chope en grès polychrome. — Fabrique de Kreussen. 17e siècle.

1695 — Pot en grès polychrome. — Fabrique de Kreussen. 17e siècle.

1696 — Pot à large panse en grès émaillé. — Travail allemand. Franconie. 17e siècle.

1697 — Pot à large panse en grès gris émaillé et doré. — Fabrique de Kreussen. 17e siècle.

1698 — Pot à large panse en grès émaillé. — Fabrique de Kreussen. 17e siècle.

1699 — Chope en grès brun émaillé. — Fabrique de Kreussen. 17e siècle.

1700 — Grande bouteille en grès blanc. — Allemagne. Siegburg. 16e siècle.

ORFÈVRERIE CIVILE

1701 — Hanap. — Argent repoussé et doré. Travail allemand. Fin du 15e siècle.

1702 — Aiguière. — Argent en partie doré. Travail allemand. 15e siècle.

1703 — Coupe en forme de corne. — Corne et cuivre ciselé et doré. Travail allemand. 15e siècle.

1704 — Coupe. — Argent en partie doré. Travail espagnol. 15e siècle.

1705 — Hanap. — Argent doré. Travail allemand. Commencement du 16e siècle.

1706 — Hanap. — Argent doré. Travail allemand.

1707 — Bocal double. — Argent doré. Travail allemand.

1708 — Bocal formé d'un œuf d'autruche monté en argent et en vermeil. — Travail allemand. Commencement du 16e siècle.

1709 — Bocal. — Argent doré. Travail allemand.

1710 — Bocal. — Argent doré. Travail allemand.

1711 — Bocal. — Argent doré. Travail allemand.

1712 — Bocal double. — Argent doré. Travail allemand. 16e siècle.

1713 — Bocal. —Argent doré. Travail allemand. Fin du 16e siècle.

1714 — Gobelet en argent doré. — Travail de Nuremberg. 16e siècle.

1715 — Gobelet en argent doré. — Travail de Nuremberg. 16e siècle.

1716 — Gobelet en argent doré. — Travail de Nuremberg. 16e siècle.

1717 — Gobelet en argent doré. — Travail de Nuremberg. 16e siècle.

1718 — Gobelet en argent doré. — Travail de Nuremberg. 16e siècle.

1719 — Gobelet en argent doré. — Travail de Nuremberg. 16e siècle.

1720 — Gobelet en argent doré. — Travail de Nuremberg. 16e siècle.

1721 — Gobelet en argent doré. — Travail de Nuremberg. 16e siècle.

1722 — Gobelet en argent doré. — Travail de Nuremberg. 16e siècle.

1723 — Gobelet en argent doré. — Travail de Nuremberg. 16e siècle.

1724 — Gobelet en argent doré. — Travail de Nuremberg. 16e siècle.

1725 — Gobelet en argent doré. — Travail de Nuremberg. 16e siècle.

1726 — Corne à boire montée en cuivre et en argent doré. — Travail allemand. Commencement du 16e siècle.

1727 — Cannette. — Travail allemand. Deuxième moitié du 16e siècle.

1728 — Cannette. — Argent doré. Travail allemand. 16e siècle.

1729 — Bocal. — Argent doré. Travail allemand. 16e siècle.

1730 — Coupe en noix de coco montée en argent doré. — Travail allemand. Fin du 16e siècle.

1731 — Nautile. — Coquille et argent doré. Travail allemand. 16e siècle.

1732 — Coupe en noix de coco. — Monture en argent doré. Travail allemand. Fin du 16e siècle.

1733 — Coupe. — Argent doré. Travail allemand. Fin du 16e siècle.

1734 — Coupe en noix de coco montée en argent doré. — Travail allemand. Fin du 16e siècle.

1735 — Coupe en noix de coco montée en argent doré. — Travail allemand. 16e siècle.

1736 — Coupe d'agate montée en argent doré. — Travail d'Augsbourg. 16e siècle.

1737 — Vase en noix de coco monté en argent. — Travail allemand. 16e siècle.

1738 — Nef en argent doré. — Travail allemand. 16e siècle.

1739 — Aiguière. — Cuivre doré. Travail allemand ou italien.

1740 — Bocal. — Argent niellé et doré. Travail d'Augsbourg. 16e siècle.

1741 — Aiguière. — Argent repoussé et doré. Travail italien. 16e siècle.

1742 — Bassin d'aiguière. — Argent doré et nacre. Travail allemand. 16e siècle.

1743-1744 — Aiguière et bassin. — Argent doré. Travail allemand ou italien. 16e siècle.

1745 — Popière. — Argent doré. Travail espagnol. 16e siècle.

1746 — Salière. — Vermeil et argent. Travail allemand. 17e siècle.

1747 — Salère. — Argent doré. Travail allemand. 16e siècle.

1748 — Salière. — Argent doré. Travail allemand. 16e siècle.

1749 — Boîte à épices. — Argent et argent doré. Travail allemand. 16e siècle.

1750 — Aiguière en nacre montée en vermeil. — Travail allemand. 16e siècle.

1751 — Vase à boire. — Jaspe et argent doré. Travail allemand (1559).

1752 — Vase en forme de lion. — Argent doré. Travail de Nuremberg (1564).

1753 — Flambeau en forme de satyre. — Bronze doré. Travail allemand. 16e siècle.

1754 — Flambeau en forme de satyre. — Bronze doré. Travail allemand. 16e siècle.

1755 — Collier de confrérie d'archers. — Argent doré. Travail allemand. Fin du 16e siècle.

1756 — Médaillon circulaire. — Travail français. Milieu du 16e siècle.

1757 — Vénus et l'Amour. — Argent fondu. École de Jean de Bologne. Fin du 16e siècle.

1758 à 1763 — Six coupes faisant partie d'une suite de douze coupes représentant l'Histoire des douze Césars. — Travail d'Augsbourg (?). 16e siècle.

    (1758) Scènes de la vie de Jules César.

    (1759) Scènes de la vie d'Othon.

    (1760) Scènes de la vie de Vitellius.

    (1761) Scènes de la vie de Vespasien.

    (1762) Scènes de la vie de Titus.

    (1763) Scènes de la vie de Domitien.

— 150 —

1764 — Salière. — Argent et vermeil. Allemagne. 16e siècle.

1765 — Salière. — Argent et vermeil. Allemagne. 16e siècle.

1766 — Coupe. — Argent doré. — Travail allemand. 16e siècle.

1767 — Salière. — Argent doré. Travail français. 16e siècle.

1768 — Salière. — Argent doré.

1769 — Vase en noix de coco monté en argent doré. — Travail allemand. Fin du 16e siècle.

1770 — Veilleuse. — Cuivre fondu, ciselé et doré. Travail vénitien. 16e siècle.

1771 — Bocal. — Argent repoussé et doré. Travail allemand (1630).

1772 — Grande cannette. — Argent doré. Travail allemand. 17e siècle.

1773 — Coupe en coquille montée en argent doré — Travail allemand. 17e siècle.

1774 — Coupe. — Argent repoussé, gravé et doré. Augsbourg. 17e siècle.

1775 — Vase en agate monté en argent doré. — Époque de Louis XIV.

1776 — Surtout de table. — Argent fondu, repoussé et doré. Travail allemand. 17e siècle.

1777 — Insigne de confrérie d'archers. — **Argent et vermeil.** Travail flamand (Anvers?). Commencement du 17e siècle.

1778 — Le Temps soutenant le monde. — **Argent et vermeil.** Travail allemand. Commencement du 17e siècle.

1779 — Mars. — Statuette en argent fondu et ciselé. Travail allemand. 17e siècle.

1780 — Cannette. — Argent gravé et doré. Travail d'Augsbourg. Fin du 16e ou commencement du 17e siècle.

1781 — Grande cannette en argent doré en partie. — Travail allemand. 17e siècle.

1782 — Plateau en vermeil. — Travail portugais. 16e siècle.

1783 — Hanap en bois monté en vermeil. — Travail allemand. 16e siècle.

1784 — Gobelet en vermeil. — Travail allemand. 16e siècle.

1785 — Petit hanap en bois monté en argent en partie doré. — Travail allemand ou anglais. 16e siècle.

BIJOUX

1786 — Diptyque. — Argent doré et émaux. Travail français. 14e siècle.

1787 — Médaillon en or émaillé. — Travail français ou flamand. 15e siècle.

1788 — Médaillon en argent doré et émaillé. — Travail français. 15e siècle.

1789 — Médaillon en argent doré et émaillé. — Travail français. 15e siècle.

1790 — Diptyque en or émaillé. — Travail flamand. 15e siècle.

1791 — Médaillon en émail translucide. — Travail italien. Fin du 15e siècle.

1792 — Médaillon rectangulaire en émail peint. — Travail italien. Fin du 15e siècle.

1793 — Médaillon en or émaillé. La Pietà. — Travail allemand.

1794 — Médaillon en or et en émail translucide. — Travail français ou flamand. Commencement du 16e siècle.

1795 — Médaillon en argent niellé. — Travail franco-flamand. Commencement du 16e siècle.

1796 — Médaillon en argent niellé. — Travail franco-flamand. Commencement du 16e siècle.

1797 — Tableau d'or orné de personnages en émail. — Travail vénitien ou espagnol. Commencement du 16e siècle.

1798 — Médaillon en or et en émail translucide. — Travail français ou flamand. Commencement du 16e siècle.

1799 — Médaillon en argent niellé. — Travail franco-allemand. Commencement du 16e siècle.

1800 — Médaillon en or émaillé. — Travail italien. 16e siècle.

1801 — Médaillon rectangulaire en or émaillé. — Travail italien. 16e siècle.

1802 — Médaillon ovale monté en or émaillé. — Travail italien. 16e siècle.

1803 — Médaillon ovale en or émaillé. — Travail italien. 16e siècle.

1804 — Croix pectorale en or émaillé. — Travail italien. 16e siècle.

1805 — Bijou de suspension en forme de livre en argent doré. 16e siècle.

1806 — Croix pectorale reliquaire en or émaillé. — Travail italien. 16e siècle.

1807 — Croix pectorale en cristal et en jaspe montée en or émaillé. — Travail italien. 16e siècle.

1808 — Croix pectorale en cristal de roche montée en or émaillé. — Travail italien. 16e siècle.

1809 — Pendant de cou en argent doré et émaillé. — Travail allemand. 16e siècle.

1810 — Médaillon en cristal de roche monté en or. — Travail italien. 16e siècle.

1811 — Pendant de cou en cristal monté en or émaillé. — Travail italien. 16e siècle.

1812 — Médaillon en cristal monté en or émaillé. — Travail français. 16e siècle.

1813 — Pendant de cou en or émaillé. — Travail italien. 16e siècle.

1814 — Pendant de cou en cristal de roche et or émaillé. — Travail italien. 16e siècle.

1815 — Pendant de cou en or émaillé. — Travail allemand (1572).

1816 — Pendant de cou en or émaillé. — Travail allemand. 16e siècle.

1817 — Pendant de cou en or émaillé. — Travail italien. 16e siècle.

1818 — Pendant de cou en or émaillé. — Travail allemand. 16e siècle.

1819 — Pendant de cou en or émaillé. — Travail allemand. 16e siècle.

1820 — Pendant de cou en or émaillé. — Travail italien. 16e siècle.

1821 — Camée monté en or émaillé. — 16e siècle.

1822 — Pendant de cou en or émaillé orné d'un camée. — Travail italien. 16e siècle.

1823 — Pendant de cou en or émaillé enchâssant un camée. — 16e siècle.

1824 — Camée monté en or émaillé. — Italie. 16e siècle.

1825 — Camée monté en or émaillé. Jupiter foudroyant les géants. — Travail italien. 16e siècle.

1826 — Pendant de cou en or émaillé. — Travail allemand. 16e siècle.

1827 — Pendant de cou en or émaillé. — Travail italien. 16e siècle.

1828 — Pendant de cou en or émaillé. — Travail allemand. 16e siècle.

1829 — Pendant de cou en cristal de roche gravé monté en or émaillé. — 16e siècle.

1830 — Pendant de cou en or émaillé. — Travail italien. 16e siècle.

1831 — Grand pendant de cou en cristal et en or émaillé. — Travail italien. 16e siècle.

1832 — Pendant de cou en or émaillé. — Travail italien. Fin du 16e siècle.

1833. — Pendant de cou en or émaillé. — Travail italien. 16e siècle.

1834 — Pendant de cou en or émaillé. — Travail allemand. 16e siècle.

1835 — Pendant de cou en or émaillé. — Travail italien. 16e siècle.

1836 — Clef en or émaillé. — Travail italien. 16e siècle.

1837 — Pendant de cou en or émaillé. — Travail allemand. 16e siècle.

1838 — Pendant de cou en or émaillé. — Travail italien. 16e siècle.

1839 — Pendant de cou en or émaillé. — Travail italien. 16e siècle.

1840 — Pendant de cou en or émaillé. — Travail allemand. 16e siècle.

1841 — Pendant de cou en forme de cassolette en or émaillé. — Travail italien. 16e siècle.

1842 — Pendant de cou en or émaillé. — Travail allemand. 16e siècle.

1843 — Pendant de cou en or émaillé. — Travail allemand. 16e siècle.

1844 — Pendant de cou en or émaillé. — Travail allemand. 16e siècle.

1845 — Pendant de cou en or émaillé. — Travail italien. 16e siècle.

1846 — Pendant de cou en or émaillé. — 16e siècle.

1847 — Médaillon en or émaillé. — Travail allemand. 16e siècle.

1848 — Pendant de cou en or. — Travail italien. 16e siècle.

1849 — Pendant de cou en or émaillé. — Travail allemand. 16e siècle.

1850 — Pendant de cou en cristal de roche gravé, monté en or et émaillé. — Travail italien. 16e siècle.

1851 — Couronne de Vierge en or émaillé. — Travail allemand. 16e siècle.

1852 — Médaillon en or émaillé. — Fin du 16e siècle.

1853 — Chaîne de cou en or émaillé, pierreries et perles fines. — Travail allemand. Fin du 16e siècle.

1854 — Pendant de cou en or émaillé. — Travail allemand. 16e siècle.

1855 — Pendant de cou et paire de boucles d'oreilles de deuil en pâte, monté en or émaillé. — 16e siècle.

1856 — Pendant de cou en or émaillé. — Fin du 16e siècle.

1857 — Croix-reliquaire en argent doré et émaillé. — Travail flamand. 15e siècle.

1858 — Pendant de cou en or émaillé. — Travail allemand. 16e siècle.

1859 — Médaillon en or émaillé enchâssant un camée. — Fin du 16e siècle.

1860 — Collier en or émaillé. — 16e siècle.

1861 — Collier en or émaillé. — Travail allemand. 16e siècle.

1862 — Petite coupe en cuivre émaillé. — 16e siècle.

1863 — Pendant de cou en or émaillé. — Travail allemand. Commencement du 17e siècle (?)

1864 — Pendant de cou en ivoire et en or émaillé. — 17e siècle.

1865 — Pendant de cou en ivoire et en or émaillé. — 17e siècle.

1866 — Pendant de cou en or émaillé. — Travail allemand. 17e siècle.

1867 — Pendant de cou en or émaillé. — Travail allemand. 17e siècle.

1868 — Pendant de cou en or émaillé. — Travail allemand. 17e siècle.

1869 — Pendant de cou en or émaillé. — Travail allemand. 17e siècle.

1870 — Médaillon-reliquaire en or recouvert d'émail peint. — Travail allemand. 17e siècle.

1871 — Médaillon en or émaillé. — Travail espagnol. — 16e siècle.

1872 — Le Portement de croix. — Travail espagnol. 17e siècle.

1873 — Médaille en or du pape Alexandre VII montée en or émaillé. — (1656.)

1874 — Pharmacie de poche en argent. — Travail hollandais. 17e siècle.

BAGUES

1875 — Bague en or gravé. — Époque mérovingienne.

1876 — Bague d'or. — 12e ou 13e siècle.

1877 — Bague en or enchâssant un saphir gravé. — 14e siècle.

1878 — Bague d'or enchâssant une intaille. — 14e siècle.

1879 — Bague en or enchâssant un saphir cabochon. — 14e siècle.

1880 — Bague en or gravé. — 14e siècle.

1881 — Bague en or gravé. — Travail italien. 15e siècle.

1882 — Bague en or gravé. — 15e siècle.

1883 — Bague en or. — 15e siècle.

1884 — Bague de fiançailles en or ciselé. — 15e siècle.

1885 — Bague en argent doré. — 15e siècle.

1886 — Bague d'or filigrané. — 15e siècle.

1887 — Bague en or. — Fin du 15e siècle.

1888 — Bague en or ciselé et émaillé. — Travail allemand. 16e siècle.

1889 — Bague en or émaillé. — 16e siècle.

1890 — Bague en or en forme de dragon. — 16e siècle.

1891 — Bague en or émaillé. — 16e siècle.

1892 — Bague de fiançailles en or émaillé. — 16e siècle.

1893 — Bague en or émaillé. — 16e siècle.

1894 — Bague en or émaillé. — 16e siècle.

1895 — Bague en or émaillé. — 16e siècle.

1896 — Bague en or émaillé. — 16e siècle.

1897 — Bague en or émaillé. — 16e siècle.

1898 — Bague en or émaillé. — 16e siècle.

1899 — Bague en or émaillé. — 16e siècle.

1900 — Bague en or émaillé. — 16e siècle.

1901 — Bague de fiançailles en or émaillé. — 16 siècle.

1902 — Bague de fiançailles en or émaillé. — 16e siècle.

1903 — Bague en or émaillé. — 16e siècle.

1904 — Bague en or émaillé. — 16e siècle.

1905 — Bague en or émaillé. — 16e siècle.

1906 — Bague en or émaillé. — 16e siècle.

1907 — Bague en or émaillé. — 16e siècle.

1908 — Bague en or émaillé. — (1574.)

1909 — Bague en or émaillé. — 16e siècle.

1910 — Bague en or émaillé. — 16e siècle.

1911 — Bague en or émaillé. — 16e siècle.

1912 — Bague en or émaillé. — 16e siècle.

1913 — Bague en or ciselé et émaillé. — Espagne. 16e siècle.

1914 — Bague en or gravé. — 16e siècle.

1915 — Anneau d'or ciselé. — 16e siècle.

1916 — Bague de fiançailles en or émaillé. — 16e siècle.

1917 — Bague en or émaillé. — 16e siècle.

1918 — Bague en or ciselé. — 16e siècle.

1919 — Bague de fiançailles en or émaillé. — 16e siècle.

1920 — Bague en or émaillé. — 16e siècle.

1921 — Bague de fiançailles en or émaillé. — 16e siècle.

1922 — Bague en or émaillé. — 17e siècle.

1923 — Anneau d'or enchâssant un saphir gravé d'armoiries. — 15e siècle.

1924 — Bague en or émaillé. — 16e siècle.

1925 — Bague de fiançailles en or émaillé. — 16e siècle.

1926 — Anneau de fiançailles en or. — 16e siècle.

1927 — Anneau d'or à chaton octogonal. — 16e siècle.

1928 — Bague en or émaillé enchâssant une petite pointe de diamant. — Fin du 16e siècle.

1929 — Bague en or émaillé enchâssant un gros rubis spinelle. — 16e siècle.

1930 — Bague en or émaillé. — 16e siècle.

1931 — Bague en or émaillé. — 16e siècle.

1932 — Anneau d'or émaillé. — 16e siècle.

1933 — Anneau d'or enchâssant sept grenats cabochons. — 16e siècle.

1934 — Bague en or enchâssant un verre à deux couches. — 16e siècle.

1935 — Anneau d'or enchâssant un verre gravé à deux couches. — 16e siècle.

1936 — Anneau d'or émaillé enchâssant un rubis. — 16e siècle.

1937 — Bague en or émaillé. — Travail allemand. 17e siècle.

1938 — Bague en or émaillé. — Travail hollandais. 17e siècle.

1939 — Bague en or émaillé à châton en verre églomisé. — 17e siècle.

1940 — Bague en or émaillé. — 17e siècle.

1941 — Bague en or émaillé. — 17e siècle.

1942 — Bague en or émaillé à chaton mobile. — 17e siècle.

1943 — Bague en or ciselé. — 17e siècle.

1944 — Bague en or émaillé. — 17e siècle.

1945 — Bague en or émaillé. — 17e siècle.

1946 — Anneau d'or émaillé. — 17e siècle.

1947 — Bague de mariage en argent doré. — Travail allemand. 18e siècle.

1948 — Anneau émaillé. — Émail de Saxe. 18e siècle.

1949 — Bague en or émaillé. — Travail allemand. 18e siècle.

1950 — Bague en or émaillé. — 17e siècle.

1951 — Bague en or émaillé. — Fin du 16e siècle.

1952 — Bague en or émaillé. — Fin du 16e siècle.

VITRAUX

1953 — Sainte Catherine d'Alexandrie. — Travail allemand. 15e siècle.

1954 — La Vierge et l'Enfant Jésus. — Travail allemand. 15e siècle.

1955 — Sainte Barbe. — Travail allemand. 15e siècle.

1956 — Saint Georges. — Travail allemand. 15e siècle.

1957 — La Vierge portant l'Enfant Jésus. — Travail allemand. 15e siècle.

1958 — Saint Maurice. — Travail allemand. 15e siècle.

1959 — Un Saint Évêque. — Travail allemand. 15e siècle.

1960 — Sainte Élisabeth de Hongrie. — Travail allemand. 15e siècle.

1961 — Un Saint Évêque. — Travail allemand. 15e siècle.

1962 — Joseph vendu par ses frères. — Travail français. 16e siècle.

1963 — Le Sacrifice d'Abraham. — Travail français. 16e siècle.

1964 — Le Jugement de Salomon. — Travail français. 16e siècle.

1965 — Les Frères de Joseph revenant de chez Jacob. — Travail français. 16e siècle.

1966 — Job sur son fumier. — Travail français. 16e siècle.

1967 — Dieu envoie un ange à David. — Travail français. 16e siècle.

1968 — Moïse recevant les tables de la loi. — Travail français. 16e siècle.

VERRERIES

1969 — Grande lampe en verre émaillé. — Travail arabe. 14e siècle.

1970 — Lampe de mosquée. — Travail arabe. 14e siècle.

1971 — Lampe de mosquée. — Travail exécuté à Venise d'après un modèle oriental. 15e siècle.

1972 — Bouteille. — Travail arabe. 15e siècle.

1973 — Grande bouteille en verre émaillé. — Travail arabe. 15e siècle.

1974 — Bouteille. — Travail arabe.

1975 — Seau. — Travail oriental. 14e siècle.

1976 — Lampe de mosquée. — Travail oriental. 15e siècle.

1977 — Grand hanap. — Travail vénitien. 15e siècle.

1978 — Hanap. — Travail vénitien. 15e siècle.

1979 — Aiguière. — Travail vénitien. 15e siècle.

1980 — Aiguière. — Travail vénitien. 15e siècle.

1981 — Plateau. — Travail vénitien. 15e siècle.

1982 — Plateau. — Travail vénitien. 16e siècle.

1983 — Grande coupe. — Travail vénitien. 15e siècle.

1984 — Grande coupe. — Travail vénitien. Fin du 15e siècle.

1985 — Coupe à pied. — Travail vénitien. Fin du 15e siècle.

1986 — Coupe à pied en verre doré et émaillé. — Venise. Commencement du 15e siècle.

1987 — Coupe. — Travail vénitien. Commencement du 16e siècle.

1988 — Coupe plate. — Travail vénitien. Commencement du 16e siècle.

1989 — Coupe à pied en verre doré et émaillé. — Venise. Commencement du 16e siècle.

1990 — Verre en latticinio monté en argent doré. — Venise. 16e siècle.

1991 — Coupe. — Travail vénitien. 16e siècle.

1992 — Coupe. — Venise. Commencement du 16e siècle.

1993 — Coupe. — Travail vénitien. 16e siècle.

1994 — Drageoir. — Travail vénitien. 16e siècle.

1995 — Gobelet. — Travail vénitien. Fin du 16e siècle.

1996 — Gobelet. — Travail vénitien. Fin du 15e siècle.

1997 — Verre à pied. — Travail vénitien. 15e siècle

1998 — Verre à pied de forme évasée. — Travail vénitien. 15e siècle.

1999 — Verre à pied. — Travail vénitien. Fin du 15e siècle.

2000 — Verre à pied. — Travail vénitien. Commencement du 16e siècle.

2001 — Verre en forme de calice. — Venise. 16e siècle.

2002 — Verre. — Travail vénitien. 16e siècle.

2003 — Verre en forme de tulipe, monté en argent doré. Venise. 17e siècle.

2004 — Petit vase. — Travail vénitien. Fin du 15e ou commencement du 16e siècle.

2005 — Vase. — Travail vénitien. 16e siècle.

2006 — Vase en verre craquelé. — 16e siècle.

2007 — Vase à deux anses monté en bronze doré. — Travail vénitien. 17e siècle.

2008 — Bouteille. — Travail vénitien. 15e siècle.

2009 — Bouteille de forme aplatie. — Travail vénitien. Fin du 15e siècle.

2010 — Bouteille de forme aplatie. — Travail vénitien. Fin du 15e siècle.

2011 — Verre. — Travail vénitien. 16e siècle.

2012-2013 — Deux burettes montées en orfèvrerie. Venise. Fin du 16e siècle.

2014-2015 — Deux burettes montées en orfèvrerie. — Venise. Commencement du 17e siècle.

2016 — Coupe. — Travail de Barcelone. 16e siècle.

2017 — Hanap. — Travail vénitien. Fin du 15e siècle.

2018 — Aiguière. — Travail allemand. 16e siècle.

2019 — Aiguière. — Travail allemand. 16e siècle.

2020 — Bocal. — Travail allemand (1573).

2021 — Bocal. — Travail allemand. Fin du 16e siècle.

2022 — Bocal. — Travail allemand (1589).

2023 — Bocal. — Travail allemand. Fin du 16e siècle.

2024 — Bocal. — Travail allemand (1643).

2025 — Bocal. — Travail allemand (1625).

2026 — Bocal. — Travail allemand (1668).

2027 — Bocal. — Travail allemand (1672).

2028 — Bocal. — Travail allemand. 17e siècle.

2029 — Verre. — Travail allemand (1594).

2030 — Gobelet. — Travail allemand (1705).

2031 — Cannette. — Travail allemand. Fin du 16e siècle.

2032 — Coupe. — Travail allemand.

2033 — Grande coupe. — Venise. Fin du 15e siècle.

2034 — Grande coupe. — Venise. Fin du 15e siècle.

2035 — Coupe. — Venise. Commencement du 16e siècle.

2036 — Coupe plate. — Venise. Fin du 15e siècle.

2037 — Coupe. — Venise. Commencement du 16e siècle.

2038 — Plateau circulaire. — Fabrique de Barcelone. 16e siècle.

2039 — Coupe. — Venise. 16e siècle.

2040 — Coupe. — Venise. 16e siècle.

2041 — Coupe. — Venise. 16e siècle.

2042 — Coupe. — Venise. 16e siècle.

2043 — Verre à boire.

2044 — Coupe à boire. — Venise. 16e siècle.

2045 — Coupe. — Venise. 16e siècle.

2046 — Coupe. — Venise. 16e siècle.

2047 — Gourde. — Venise. 16e siècle.

2048 — Aiguière. — Venise. 16e siècle.

2049 — Broc. — Venise. Commencement du 16e siècle.

2050 — Broc. — Venise. Commencement du 16e siècle.

2051 — Broc. — Travail allemand. Fin du 16e siècle.

2052 — Broc. — Travail allemand. Fin du 16e ou commencement du 17e siècle.

2053 — Cannette. — Venise. Fin du 16e siècle.

2054 — Vase. — Travail allemand ou flamand. 16e siècle.

2055 — Vase ou broc. — Venise. 16e siècle.

2056-2057 — Deux burettes. — Venise. 16e siècle.

2058 — Gourde. — Venise. 16e siècle.

2059 — Gourde. — Venise. Fin du 15e siècle.

2060 — Bouteille. — Venise. 16e siècle.

2061 — Vase. — Travail allemand. Commencement du 17e siècle.

2062 — Vase. — Venise. 16e siècle.

2063 — Bocal. — Travail allemand (1698).

2064 — Bocal. — Travail allemand (1753).

2065 — Verre à boire. — Travail allemand ou flamand. Commencement du 17e siècle.

2066 — Verre à boire. — Venise. 16e siècle.

2067 — Verre à boire. — Venise. 16e siècle.

2068 — Verre à boire. — Venise. Seconde moitié du 16e siècle.

2069 — Verre à boire. — Venise. Seconde moitié du 16e siècle.

2070 — Verre à boire. — Travail flamand. Seconde moitié du 16e siècle.

2071 — Verre à boire. — Venise. 16e siècle.

2072 — Coupe couverte. — Venise. 16e siècle.

2073 — Verre à boire. — Allemagne. 17e siècle.

2074 — Gobelet. — Venise. 16e siècle.

2075 — Gobelet. — Venise. 16e siècle.

2076 — Cor. — Venise. 16e siècle.

2077 — Cor. — Venise. 16e siècle.

2078 — Grande coupe. — Venise. 16e siècle.

2079 — Verre à boire. — Venise. 16e siècle.

2080 — Seau. — Venise. 16e siècle.

2081 — Verre. — Travail français.

2082 — Broc. — Travail allemand. 17e siècle.

2083 — Vase monté en cuivre doré. — Fin du 16e siècle.

2084 — Gourde. — Venise. Commencement du 16e siècle.

2084 bis — Verre. — Venise. 16e siècle.

PEINTURES SOUS VERRE
ET SOUS CRISTAL DE ROCHE

2085 — Deux Docteurs. — Travail italien. Fin du 14e siècle.

2086 — La Vierge et l'Enfant Jésus. — La Chasteté. — Travail italien. 14e siècle.

2087 — La Vierge et l'Enfant Jésus entre deux saints. — Travail italien. 14e siècle.

2088 — La Nativité. — Travail italien. 14e siècle.

2089 — La Vierge du rosaire. — Travail italien. 16e siècle.

2090 — Baiser de paix. — Travail du nord de l'Italie. Fin du 15e siècle.

2091 — Baiser de paix. — Travail italien. 16e siècle.

2092 — Baiser de paix. — Travail italien. 16e siècle.

2093 — Bijou en forme de croix. — Travail italien. 16e siècle.

2094 — Croix pectorale en or formant reliquaire. — Travail italien. 16e siècle.

2095 — Flacon en cristal de roche monté en argent doré. — Travail italien. 16e siècle.

2096 — L'Adoration des rois. — Travail italien. École milanaise. Commencement du 16e siècle.

2097 — Saint Jérôme. — Travail de l'Italie du Nord. Commencement du 16e siècle.

2098 — Saint Jérôme. — Travail italien. Commencement du 16e siècle.

2099 — Saint Jérôme. — Travail italien. 16e siècle.

2100 — La Vierge et l'Enfant Jésus adorés par plusieurs saints. — Travail vénitien. 16e siècle.

2101 — La Fuite en Égypte. — Travail italien. 16e siècle.

2102 — L'Assomption de la Vierge. — Travail italien. 16e siècle.

2103 — Médaillon monté en or émaillé. — Travail italien. 16e siècle.

2104 — Médaillon monté en or émaillé. — Travail italien. 16e siècle.

2105 — Médaillon monté en or émaillé. — Travail italien. 16e siècle.

2106 — Médaillon monté en or émaillé. — Travail italien. 16e siècle.

2107 — Médaillon monté en or. — Travail italien. 16e siècle.

2108 — Médaillon monté en lapis et en or. — Travail italien. 16e siècle.

2109 — Sainte Catherine ravie au ciel. — Travail de l'Italie du Nord. 16e siècle.

2110 — Médaillon monté en or émaillé. — Travail italien. 16e siècle.

2111 — Médaillon monté en argent doré. — Travail italien. 16e siècle.

2112 — Le Baptême du Christ. — L'Assomption de la Vierge. — Travail italien. Fin du 16e siècle

2113 — Médaillon monté en or émaillé. — Travail espagnol. 16e siècle.

2114 — Médaillon monté en argent doré. — Travail espagnol (?). 16e siècle.

2115 — Médaillon monté en or émaillé. — Travail espagnol (?). 16e siècle.

2116 — Triptyque. — Travail allemand. Commencement du 16e siècle.

2117 — Sujet inconnu. — Travail allemand. 16e siècle.

2118 — Scène de chasse. — Travail allemand. 17e siècle.

2119 — Médaillon. — Travail allemand (1592).

2120 — Médaillon monté en or émaillé. — Travail allemand. 17e siècle.

2121 — Coquille en cristal de roche montée en or émaillé. 16e siècle.

2122 — Cabinet en ébène décoré de peintures sous verre. — Travail allemand ou flamand. Fin du 16e ou commencement du 17e siècle.

SCULPTURES EN BUIS
ET EN PIERRE DE MUNICH

2123 — Flabellum en bois et en parchemin. — 15e siècle.

2124 — Triptyque. — Buis sculpté. Travail flamand. Commencement du 16e siècle.

2125 — Triptyque. — Buis sculpté. Travail flamand. Fin du 15e siècle.

2126 — Médaillon. — Buis sculpté. Travail flamand. Commencement du 16e siècle.

2127 — La Nativité. — Médaillon en buis. Travail flamand. Commencement du 16e siècle.

2128 — La Crucifixion. — Buis sculpté. Travail flamand. Commencement du 16e siècle.

2129 — L'Arrestation du Christ. — Médaillon en buis. Travail flamand. Commencement du 16e siècle.

2130 — La Vierge donnant le sein à l'Enfant Jésus. — Groupe en buis. Travail flamand. Fin du 15e siècle.

2131 — La Vierge donnant le sein à l'Enfant Jésus. — Groupe en buis. Travail flamand. 15e siècle.

2132 — La Vierge et l'Enfant Jésus. — Groupe en buis.

2133 — La Vierge et l'Enfant Jésus. — Travail flamand. 16e siècle.

2134 — Histoire de David. — Noix en buis sculpté. Travail flamand. Commencement du 16e siècle.

2135 — Histoire de saint Jacques le Mineur. — Noix en buis sculpté. Travail flamand. Commencement du 16e siècle.

2136 — Le Portement de croix et la Crucifixion. — Noix en buis sculpté. Travail flamand. Commencement du 16e siècle.

2137 — Saint Christophe. — Noix en buis. Travail flamand. Commencement du 16e siècle.

2138 — Saint Jean et saint Michel. — Noix en buis. Travail flamand. Commencement du 16e siècle.

2139 — L'Annonciation et la Nativité. — Noix en buis sculpté. Travail flamand. Commencement du 16e siècle.

2140 — La Crucifixion, le Portement de croix. — Noix en buis sculpté. Travail allemand. Commencement du 16e siècle.

2141 — La Charité. — Groupe en buis sculpté. Travail allemand. Fin du 16e siècle.

2142 — La Madeleine. — Buis sculpté. Travail flamand. Commencement du 16e siècle.

2143 — Adam et Ève. — Travail allemand. Commencement du 16e siècle.

2144 — L'Annonciation. — Groupe en buis. Travail allemand. Commencement du 17e siècle.

2145 — Buste d'Henri II. — Buis. Travail français.

2146 — Statuette d'enfant. — Travail allemand. 16e siècle.

2147 — Le Courage. — Statuette en buis. Travail italien. 17e siècle.

2148 — La Peur. — Statuette en buis. Travail italien. 17e siècle.

2149 — Saint Sébastien. — Statuette en buis. Allemagne. Veit Lang (1639).

2150 — Saint Sébastien. — Statuette en bois. Travail italien. 16e siècle.

2151 — Vénus sortant du bain. — Statuette en buis. Travail allemand. Commencement du 17e siècle.

2152 — Une Femme assise. — Statuette en bois de tilleul. Travail flamand. Première moitié du 16e siècle.

2153 — Charles-Quint. — Médaillon en buis. Travail allemand.

2154 — Christophe Muelich. — Médaillon en buis. Travail allemand (1529).

2155 — Gabriel Argeler. — Médaillon en buis. Allemagne (1526).

2156 — Barbara Reihing. — Médaillon en buis. Travail allemand (1538).

2157 — Portrait de Diederich, comte de Manderscheit et de Blanckenheim. — Médaillon en buis. Travail allemand (1532).

2158 — Charles Pieters. — Médaillon en buis. Travail flamand (1541).

2159 — Portrait de Charles-Quint. — Médaillon en buis. Travail flamand. 16e siècle.

2160 — Portrait d'Adam Oefner d'Altorf. — Médaillon en buis. Travail allemand (1540).

2161 — Portrait de Georg Zorer. — Médaillon en buis. Travail allemand (1527).

2162 — Portrait d'Antoine Gysel. — Médaillon en buis. Travail allemand (1530).

2163 — Portrait de Marguerite Gysel. — Médaillon en buis. Travail allemand. Première moitié du 16e siècle.

2164 — Portrait de Hans Bock. — Médaillon en buis. Travail allemand (1557).

2165 — Charles, duc d'Angoulême. — Travail allemand. 16e siècle.

2166 — François, dauphin de France. — Travail allemand. 16e siècle.

2167 — Raimond Függer. — Médaillon en buis. Travail allemand (1527).

2168 — Portrait d'homme. — Médaillon en buis. Allemagne. Première moitié du 16e siècle.

2169 — Portrait d'homme. — Médaillon en buis. Allemagne. 16e siècle.

2170 — Portrait de jeune homme. — Médaillon en buis. Travail allemand. 16e siècle.

2171 — Portrait d'homme. — Médaillon en buis. Travail allemand. 16e siècle.

2172 — Portrait de femme. — Médaillon en buis. Travail allemand. 16e siècle.

2173 — Portrait d'homme. — Médaillon en buis. Travail allemand. 16e siècle.

2174 — Vénus et l'Amour. — Travail allemand. Buis. Bas-relief.

2175 — Portrait d'homme. — Médaillon en buis. Travail allemand. Première moitié du 16e siècle.

2176 — Portrait de femme. — Médaillon en buis. Travail allemand. Première moitié du 16e siècle.

2177 — Portrait d'homme âgé. — Médaillon en buis. Travail allemand. Première moitié du 16e siècle.

2178 — Portrait d'un nègre. — Médaillon en buis. Travail allemand. Première moitié du 16e siècle

2179 — Portrait d'homme. — Médaillon en buis. Travail allemand. Première moitié du 16e siècle.

2180 — Portrait d'homme. — Médaillon en buis. Travail allemand. Première moitié du 16e siècle.

2181 — Portrait d'homme. — Médaillon en buis. Travail allemand. Première moitié du 16e siècle.

2182 — Portrait d'homme. — Médaillon en buis. Travail allemand. Première moitié du 16e siècle.

2183 — Charles-Quint. — Buis. Travail allemand. 16e siècle.

2184 — Portrait de femme. — Médaillon en buis. Travail allemand. 16e siècle.

2185 — Portrait de deux personnages. — Médaillon en buis. Travail allemand. Première moitié du 16e siècle.

2186 — Portrait d'homme. — Médaillon en buis. Travail allemand. Première moitié du 16e siècle.

2187 — Portrait d'homme. — Buis. Travail allemand. 16e siècle.

2188 — Portrait d'homme. — Médaillon en buis. Travail allemand. Première moitié du 16e siècle.

2189 — Charles-Quint. — Médaillon en buis. Travail allemand. 16e siècle.

2190 — Portrait d'homme. — Buis. Travail allemand. (1526).

2191 — Amédée Volant. — Bois et pâte colorée. Pion de damier. Travail allemand. 16e siècle.

2192 — Charles-Quint. — Bois et pâte colorée. Pion de damier. Travail allemand. 16e siècle.

2193 — Ulrich Fugger. — Bois et pâte colorée. Pion de damier. Travail allemand. 16e siècle.

2194 — Louis de Bavière. — Bois et pâte colorée. Pion de damier. Travail allemand. 16e siècle.

2195 — L'Empereur Maximilien. — Bois et pâte colorée. Pion de damier. Travail allemand. 16e siècle.

2196 — Barberousse. — Bois et pâte colorée. Pion de damier. Travail allemand. 16e siècle.

2197 — Jérôme Fugger. — Bois et pâte colorée. Pion de damier. Travail allemand. 16e siècle.

2198 — Jean de Leyde. — Bois et pâte colorée. Pion de damier. Travail allemand. 16e siècle.

2199 — Le Sultan Soliman. — Bois et pâte colorée. Pion de damier. Travail allemand. 16e siècle.

2200 — Antoine Fugger. — Bois et pâte colorée. Pion de damier. Travail allemand. 16e siècle.

2201 — Andrea Gritti. — Bois et pâte colorée. Pion de damier. Travail allemand. 16e siècle.

2202 — Charles-Quint. — Bois et pâte colorée. Pion de damier. Travail allemand. 16e siècle.

2203 — Portrait d'Ulrich de Fruntsperg. — Bois et pâte colorée. Pion de damier. Travail allemand. 16e siècle.

2204 — Ferdinand, roi des Romains. — Bois et pâte colorée. Pion de damier. Travail allemand. 16e siècle.

2205 — Conrad Peutinger. — Bois et pâte colorée. Pion de damier. Travail allemand. 16e siècle.

2206 — Louis Fugger. — Bois et pâte colorée. Pion de damier. Travail allemand. 16e siècle.

2207 — Marguerite de Fruntsperg. — Bois et pâte colorée. Pion de damier. Travail allemand. 16e siècle.

2208 — Anne de Fruntsperg. — Bois et pâte colorée. Pion de damier. Travail allemand. 16e siècle.

2209 — Anne, duchesse de Pescaire. — Bois et pâte colorée. Pion de damier. Travail allemand. 16e siècle.

2210 — Marie, reine de Hongrie. — Bois et pâte colorée. Pion de damier. Travail allemand. 16e siècle.

2211 — Portrait de femme. — Bois et pâte colorée. Pion de damier. Travail allemand. 16e siècle.

2212 — Anne Rehlinger. — Bois et pâte colorée. Pion de damier. Travail allemand. 16e siècle.

2213 — Anna-Regina Fugger. — Bois et pâte colorée. Pion de damier. Travail allemand. 16e siècle.

2214 — Catherine Luther. — Bois et pâte colorée. Pion de damier. Travail allemand. 16e siècle.

2215 — Ferdinand, fils de Ferdinand, roi des Romains. — Bois et pâte colorée. Pion de damier. Travail allemand. 16e siècle.

2216 — La Femme de Jacques Fugger. — Bois et pâte colorée. Pion de damier. Travail allemand. 16e siècle.

2217 — Christine, duchesse de Saxe. — Bois et pâte colorée. Pion de damier. Travail allemand. 16e siècle.

2218 — Sibylle, femme de Jean-Frédéric, duc de Saxe. — Bois et pâte colorée. Pion de damier. Travail allemand. 16e siècle.

2219 — Élisabeth de Thuringe. — Bois et pâte colorée. Pion de damier. Travail allemand. 16e siècle.

2220 — Éléonore, reine de France. — Bois et pâte colorée. Pion de damier. Travail allemand. 16e siècle.

2221 — Isabelle, femme de Charles-Quint. — Bois et pâte colorée. Pion de damier. — Travail allemand. 16e siècle.

2222 — Le Sultan Soliman. — Bois et pâte colorée. Pion de damier. Travail allemand. 16e siècle.

2223 — Coffret en bois sculpté et peint. — 14e siècle.

2224 — Coffret en bois sculpté orné de ferrures. — 15e siècle.

2225 — Coffret en bois sculpté. — 15e siècle.

2226 — Écritoire en bois sculpté et peint. — 15e siècle.

2227 — Écritoire en bois gravé. — Travail italien. 15e siècle.

2228 — Écritoire en bois sculpté et doré. — Italie. 16e siècle.

2229 — Coffret en bois sculpté. — Travail allemand. 16e siècle.

2230 — La Jeune Fille et la Mort. — Médaillon. Travail allemand. 16e siècle.

2231 — Un Homme et trois jeunes femmes. — Médaillon. Travail allemand. 16e siècle.

2232 — Pietà. — Travail allemand. 16e siècle.

2233 — Une Chasse. — Bas-relief. Buis. Travail allemand. 16e siècle.

2234 — La Reddition d'une ville. — Bas-relief en buis. — Travail italien. 17e siècle.

2235 — Scène d'un siège. — Bas-relief en buis. Travail italien. 17e siècle.

2236 — Guerriers orientaux en marche. — Bas-relief en buis. Travail italien. 17e siècle.

2237 — Un Camp devant une ville forte. — Bas-relief en buis. Travail italien. 17e siècle.

2238 — La Dialectique. — Bas-relief en buis. Travail allemand. 16e siècle.

2239 — L'Architecture. — Bas-relief en buis. Travail allemand. 16e siècle.

2240 — La Musique. — Bas-relief en buis. Travail allemand. 16e siècle.

2241 — La Physique. — Bas-relief en buis. Travail allemand. 16e siècle.

2242 — Adam et Ève. — Bas-relief. Buis. Allemagne. Commencement du 16e siècle.

2243 — La Vierge, l'Enfant Jésus et deux anges. — Bas-relief en buis. Travail allemand. Fin du 16e ou commencement du 17e siècle.

2244 — La Pietà. — Médaillon en buis. Allemagne. (1535).

2245 — Argus endormi tué par Mercure. — Bas-relief en buis. Travail allemand. 16e siècle.

2246 — Femme nue portée par un monstre marin. — Bas-relief en buis. Travail allemand. 16e siècle.

2247 — Neptune monté sur un dauphin. — Bas-relief en buis. Travail allemand. 16e siècle.

2248 — Combat de cavalerie. — Bas-relief. Bois de poirier. 15e siècle.

2249 — Combat de cavalerie. — Bas-relief. Bois de poirier. 16e siècle.

2250 — Saint Jérôme en prière. — Bas-relief en buis. Travail allemand. 16e siècle.

2251 — Une Négresse. — Bas-relief en buis. Travail allemand. 17e siècle.

2252 — Scène de la parabole de l'Enfant prodigue. — Travail allemand. 16e siècle.

2253 — Le Lavement des pieds. — Travail allemand. 16e siècle.

2254 — Scène de chasse. — Bas-relief en buis. Travail allemand. Fin du 16e siècle.

2255 — Scène de chasse. — Bas-relief en buis. Travail allemand. Fin du 16e siècle.

2256 — Diptyque. — Travail allemand ou flamand. Deuxième moitié du 16e siècle.

2257 — Danse d'enfants. — Travail allemand. 16e siècle.

2258 — Buste d'homme. — Médaillon en buis. Travail italien. 16e siècle.

2259 — Portraits d'homme et de femme. — Bas-relief ovale en buis. Travail allemand. 17e siècle.

2260 — Miroir. — Buis. Travail français. Commencement du 17e siècle.

2261 — Chasse au sanglier. — Bas-relief en buis. Travail allemand. Fin du 16e siècle.

2262 — Chasse au sanglier. — Bas-relief en buis. Travail allemand. Fin du 16e siècle.

2263 — Conversation amoureuse. — Bas-relief en buis. Travail allemand. 16e siècle.

2264 — Combat des Pygmées. — Bas-relief en buis. Travail italien. 16e siècle.

2265 — Frise d'ornement. — Buis. Travail italien. 16e siècle.

2266 — Un Combat. — Bas-relief en buis. Travail italien. 16e siècle.

2267 — Frise d'ornement. — Buis. Travail italien. 16e siècle.

2268 — Scènes du Nouveau Testament. — Médaillon en buis. Flandre. Fin du 15e siècle.

2269 — Un Sacrifice. — Médaillon en buis. Travail allemand. 17e siècle.

2270 — Le Jugement de Salomon. Travail allemand. 16e siècle.

2271 — Petit retable. — Buis sculpté. Travail français. Commencement du 16e siècle.

2272 — Buste de guerrier. — Buis. Travail français. 16e siècle.

2273 — Mucius Sævola. — Médaillon en buis. Travail allemand. Fin du 16e siècle.

2274 — La Conversion de saint Paul. — Travail allemand. 16e siècle.

2275 — La Force. — Bas-relief. Buis. Travail allemand. 16e siècle.

2276 — La Justice. — Bas-relief. Buis. Travail allemand. 16e siècle.

2277 — Pièce d'échiquier.—Ébène sculpté. 17e siècle.

2278 — Salière. — Buis sculpté. Travail allemand. Commencement du 17e siècle.

2279 — Petit vase. — Buis. Travail italien. 16e siècle.

2280 — Une Femme couronnant un guerrier endormi. — Médaillon en pierre de Munich. Travail allemand. Milieu du 16e siècle.

2281 — Jacques-Philippe Adler. Médaillon en pierre de Munich. Travail allemand (1553).

2282 — Hans Nuykum. — Médaillon en pierre de Munich. Travail allemand (1526).

2283 — Helmich Ochsenfelder. — Médaillon en pierre de Munich. Travail allemand (1577).

2284 — Léonard Dilher. — Médaillon en pierre de Munich. Travail allemand. 16e siècle.

2285 — Sébastien Unterholczer. — Médaillon en pierre de Munich. Travail allemand (1554).

2286 — Marguerite, duchesse de Styrie. — Travail allemand (1545).

2287 — Clara Rosenberg. — Médaillon en pierre de Munich. Travail allemand. 16e siècle.

2288 — Jean Diemer. — Médaillon en pierre de Munich. Travail allemand (1577).

2289 — Georges Fugger. — Travail allemand. 16e siècle.

2290 — Sébastien Schedel. — Médaillon en pierre de Munich. Travail allemand. 16e siècle.

2291 — Wolfgang Maier. — Médaillon en pierre de Munich. Travail allemand. Milieu du 16e siècle.

2292 — Portrait d'un réformateur. — Médaillon en pierre de Munich. Travail allemand. Première moitié du 16e siècle.

2293 — Daniel, archevêque de Mayence. — Bas-relief en pierre de Munich. 16e siècle.

2294 — François Ier. — Médaillon en pierre de Munich. Travail allemand. 16e siècle.

2295 — Portrait d'homme. — Médaillon en pierre de Munich. Travail allemand (1525).

2296 — Jérôme Holtzchuer. — Médaillon en pierre de Munich. Travail allemand. Première moitié du 16e siècle.

2297 — Berthold, comte de Hennenberg. — Médaillon en pierre de Munich. Travail allemand. Première moitié du 16e siècle.

2298 — Charles-Quint. — Médaillon en pierre de Munich. Travail allemand. 16e siècle.

2299 — La Vertu ou la Sagesse terrassant le Vice. — Médaillon en pierre de Munich. Travail allemand. Fin du 16e siècle.

2300 — La Fortune et deux amours. — Médaillon en pierre de Munich. Travail allemand. 16e siècle.

2301 — Amours jouant avec une chèvre. — Bas-relier en pierre de Munich. Travail allemand. 17e siècle.

2302 — Femme nue. — Statuette. Buis. Allemagne. Première moitié du 16e siècle.

2303 — Femme nue. — Statuette. Buis. Allemagne. Première moitié du 16e siècle.

2304 — Peigne en buis. — Travail français. 16e siècle.

2305 — Petite boîte en bois en forme de livre. — Travail français. 16e siècle.

2306 — La Vierge et l'Enfant Jésus. — Buis. Travail flamand. Fin du 16e siècle.

2307 — La Vierge et l'Enfant Jésus. — Buis. Travail flamand. Fin du 16e siècle.

2308 — La Vierge et l'Enfant Jésus. — Buis. Travail flamand. Commencement du 17e siècle.

2309 — Portrait d'homme. — Médaillon en buis. Travail allemand. 16e siècle.

2310 — Cadre en bois sculpté. — Fin du 16e siècle.

2311 — Portrait de Philippe Braunbart. — Pierre de Munich. Allemagne (1523).

2312 — Henri III. — Médaillon ovale en nacre.

2313 — Rodolphe II. — Médaillon ovale en nacre.

2314 — Étui en roseau monté en vermeil. — Travail italien. 16e siècle.

COUTELLERIE

2315 — Grand couteau. — 14e siècle.

2316 — Couteau à découper à manche en ivoire et en argent. — Travail italien. 15e siècle.

2317 — Présentoir. — Travail français ou allemand. 15e siècle.

2318 — Grand présentoir. — Travail italien. Fin du 15e siècle.

2319 — Présentoir. — Italie. Fin du 15e siècle.

2320 — Présentoir à manche de cuivre. — Travail italien. 15e siècle.

2321 — Présentoir. — Travail italien. 16e siècle.

2322 — Grand présentoir à manche de cristal de roche. — 15ᵉ siècle.

2323 — Présentoir à manche incrusté. — Travail italien. 15ᵉ siècle.

2324 — Présentoir à manche d'argent ciselé. — 16ᵉ siècle.

2325 — Présentoir à manche de cuivre orné de marqueterie. — Fin du 15ᵉ siècle.

2326 — Couteau à découper à manche de cristal de roche. — Travail italien. 15ᵉ siècle.

2327 — Couteau à découper à manche d'ivoire. — Fin du 15ᵉ siècle.

2328 — Couteau à découper à manche de bois. — Travail italien. 15ᵉ siècle.

2329 — Fourchette en argent. — 15ᵉ siècle.

2330 — Cuillère à encens. — Argent doré. Fin du 15ᵉ siècle.

2331 — Cuillère à encens en vermeil. — Travail allemand. Commencement du 16ᵉ siècle.

2332 — Cuillère à encens. — Argent gravé et doré. Allemagne. Fin du 15ᵉ siècle.

2333 — Couteau à manche d'ivoire, orné d'argent niellé. — Travail italien. 15ᵉ siècle.

2334 — Couteau à manche d'ivoire orné d'argent émaillé. — Travail italien. 15ᵉ siècle.

2335 — Couteau à manche d'argent niellé. — Italie. 15e siècle.

2336 — Couteau à découper monté en cristal de roche et en cuivre doré. — Travail italien. 16e siècle.

2337 — Trousse. — Travail italien. 17e siècle.

2338 — Couteau-poignard à manche d'ivoire. — Travail français. 16e siècle.

2339 — Couteau à découper à manche d'ivoire. — Travail italien. 14e siècle.

2340 — Couteau à manche de vermeil. — Travail français. 17e siècle.

2341 — Fourchette en vermeil surmontée d'une figure de satyre. — Fin du 16e siècle.

2342 — Cuillère en vermeil. — Travail français. 16e siècle.

2343 — Couteau à manche d'argent niellé. — Travail italien. 16e siècle.

2344 — Fourchette à manche d'argent niellé. — Travail italien. 16e siècle.

2345 — Couteau à manche de nacre monté en cuivre doré. — Fin du 16e siècle.

2346 — Fourchette à manche de cuivre doré et incrusté de nacre. — Fin du 16e siècle.

2347 — Couteau à manche d'argent gravé. — Travail italien. 16e siècle.

2348 — Fourchette à manche d'argent gravé. — Travail italien. 16e siècle.

2349 — Couteau à manche d'argent gravé. — Travail français. Commencement du 17e siècle.

2350 — Fourchette à manche d'argent gravé. — Travail français. Commencement du 17e siècle.

2351 — Couteau à manche de jaspe. — Travail italien. Fin du 16e siècle.

2352 — Fourchette en bronze doré à manche de jaspe. — Travail italien. Fin du 16e siècle.

2353 — Cuillère en vermeil à manche de jaspe. — Travail allemand. Fin du 16e siècle.

2354 — Couteau à manche d'argent émaillé. — Travail d'Augsbourg. Fin du 16e siècle.

2355 — Fourchette en argent émaillé. — Travail d'Augsbourg. Fin du 16e siècle.

2356 — Cuillère en argent à manche émaillé. — Travail d'Augsbourg. Fin du 16e siècle.

2357 — Cure-dent en argent à manche émaillé. — Travail d'Augsbourg. Fin du 16e siècle.

2358 — Couteau à manche d'argent. — Travail allemand. 17e siècle

2359 — Fourchette à manche d'argent. — Travail allemand. 17e siècle.

2360 — Couteau à manche d'ambre. — Travail italien. 16e siècle.

2361 — Petit couteau à manche d'ambre. — Travail italien. Fin du 16e siècle.

2362 — Fourchette montée en ambre. — Travail italien. Fin du 16e siècle.

2363 — Couteau monté en cristal de roche. — Travail italien. 16e siècle.

2364 — Fourchette montée en cristal de roche. — Travail italien (?). 16e siècle.

2365 — Couteau monté en cristal de roche. — Travail italien (?). 16e siècle.

2366 — Couteau à manche d'ivoire sculpté. — Travail flamand. Commencement du 17e siècle.

2367 — Couteau à manche d'ivoire sculpté. Travail flamand. Commencement du 17e siècle.

2368 — Couteau à manche d'argent gravé. — Travail flamand. Commencement du 17e siècle.

2369 — Couteau à manche d'argent gravé. — Travail flamand. Commencement du 17e siècle.

2370 — Couteau à manche d'argent niellé. — Italie. Commencement du 16e siècle.

2371 — Couteau à manche d'argent. — Italie. Commencement du 16e siècle.

2372 — Couteau gravé et doré. — Travail italien. Commencement du 17e siècle.

2373 — Couteau de poche. Travail italien. Commencement du 17e siècle.

2374 — Couteau de poche. — Travail italien. 17e siècle.

2375 — Trousse. — Travail italien. 16e siècle.

2376 — Fourchette à manche de cuivre. — Travail italien. 17e siècle.

2377 — Couteau à manche de cuivre incrusté de nacre. — Travail italien. 16e siècle.

2378 — Fourchette à manche de cuivre doré incrusté de nacre. — Travail italien. Fin du 16e siècle.

2379 — Couteau à manche de cuivre doré incrusté de nacre. — Travail italien. 16e siècle.

2380 — Couteau de table à manche de vermeil. — Travail allemand. Fin du 16e siècle.

2381 — Fourchette à manche de vermeil. — Travail allemand. Fin du 16e siècle.

2382 — Grand couteau à manche de cuivre orné de marqueterie. Travail allemand. 15e siècle.

2383 — Grande fourchette de fer à manche de cuivre

orné de marqueterie. — Travail allemand. 15e siècle.

2384 — Couteau de table à manche d'argent gravé. — Travail allemand. Commencement du 17e siècle.

2385 — Fourchette à manche d'argent gravé. — Travail allemand. Commencement du 17e siècle.

2386 — Couteau à manche d'argent gravé. — Travail allemand. Commencement du 17e siècle.

2387 — Couteau à manche d'ivoire sculpté. — Travail flamand. 17e siècle.

2388 — Fourchette de vermeil à manche d'ivoire. — Travail flamand. 17e siècle.

2389 — Couteau à manche d'ivoire. — Travail français (?). 17e siècle.

2390 — Fourchette à manche d'ivoire. — Travail français (?). 17e siècle.

2391 — Cuillère en argent ciselé à manche d'ivoire. — Travail flamand. 17e siècle.

2392 — Fourchette en argent ciselé à manche d'ivoire. — Travail flamand. 17e siècle.

2393 — Couteau pliant. — Travail allemand. Commencement du 17e siècle.

2394 — Fourchette pliante. — Travail allemand. 17e siècle.

2395 — Couteau à manche orné de plaques de nacre. — Travail italien. 16e siècle.

2396 — Fourchette à manche orné de plaques de nacre. — Travail italien. 16e siècle.

2397 — Petit couteau de table à manche d'or émaillé. — Travail allemand. 17e siècle.

2398 — Petite fourchette de vermeil à manche d'or émaillé. — Travail allemand. 17e siècle.

2399 — Couteau à manche damasquiné d'or. — Travail italien. 16e siècle.

2400 — Poinçon à manche damasquiné d'or. — Travail italien. 16e siècle.

2401 — Cuillère en argent. — Travail allemand. Fin du 16e siècle.

2402 — Cuillère en argent. — Travail allemand. Fin du 16e siècle.

2403 — Trousse en argent doré. — Travail allemand. Commencement du 17e siècle.

2404 — Trousse en velours noir montée en argent doré. — Augsbourg. 16e siècle.

2405 — Trousse en argent repoussé. — Travail allemand. Fin du 17e siècle.

2406 — Cuillère de bois à manche d'argent ciselé. — Travail allemand. Fin du 16e siècle

2407 — Cuillère de bois montée en vermeil. — Travail allemand. Fin du 16e siècle.

2408 — Cuillère de bois montée en vermeil. — Travail allemand. Fin du 16e siècle.

2409 — Couvert en argent et en vermeil. — Travail de Nuremberg (1562).

2410 — Cuillère en cuivre émaillé. — Limoges. Atelier de Pierre Raymond. 16e siècle.

2411 — Cuillère en nacre montée en argent ciselé. — Travail allemand. 16e siècle.

2412 — Cuillère en nacre montée en vermeil. — 16e siècle.

2413 — Cuillère pliante en nacre montée en vermeil. — Travail allemand. 16e siècle.

2414 — Cuillère en ivoire sculpté. — 17e siècle.

2415 — Cuillère et fourchette pliantes en ivoire. — 17e siècle.

2416 — Cuillère en vermeil. — Travail allemand (1630).

2417 — Couteau à manche de bois monté en cuivre gravé. — 15e siècle.

2418 — Stylet. — Travail italien. Fin du 16e siècle.

2419 — Couteau à manche de fer ciselé et doré. — Travail italien. 16e siècle.

2420 — Fourchette de fer montée en bronze doré. — Travail italien. 16e siècle.

2421 — Couteau à manche incrusté d'argent. — Travail italien. 17e siècle.

2422 — Couteau-poignard. — Travail italien (1573).

2423 — Trousse en fer damasquiné. — Travail italien. 16e siècle.

2424 — Trousse en argent ciselé et doré. — Travail allemand. Fin du 16e siècle.

2425 — Couteau de table à manche doré orné de plaques de nacre. — Travail italien (1586).

2426 — Couteau à manche de fer ciselé et doré. — Travail italien. 16e siècle.

2427 — Petit couteau à manche d'or recouvert d'émail peint. — Travail allemand. 17e siècle.

2428 — Couteau semblable.

2429 — Couteau à manche d'argent doré et émaillé. — Travail français ou espagnol. Commencement du 17e siècle.

2430 — Petit couteau pliant. — Travail flamand. 17e siècle.

2431 — Petit couteau à manche de fer ciselé et doré. — Travail italien. 16e siècle.

2432 — Couteau à manche de bronze doré. — Travail italien. Fin du 16e siècle.

2433 — Petit couteau à manche d'argent niellé. — Italie. Fin du 15e siècle.

2434 — Couteau à manche de fer ciselé. — 16e siècle.

2435 — Couteau à manche damasquiné. — Travail italien. 16e siècle.

2436 — Couteau à manche de fer doré incrusté de nacre. — Travail italien. Fin du 16e siècle.

2437 — Fourchette. — 17e siècle.

2438 — Petit couteau à manche ciselé et doré. — Travail italien. 16e siècle.

2439 — Couteau à manche de fer ciselé et doré. — Travail italien. 16e siècle.

2440 — Petite fourchette à manche doré orné de plaques de nacre. — Travail italien. Commencement du 17e siècle.

2441 — Couteau à manche de fer ciselé. — Travail italien. 16e siècle.

2442 — Petit couteau à manche incrusté de nacre. — Travail italien. 16e siècle.

2443 — Petit couteau à manche d'argent gravé. — Travail allemand. Fin du 16e siècle.

2444 — Petit couteau à manche de fer ciselé et doré. — Travail italien. 16e siècle.

2445 — Couteau à manche de fer incrusté d'argent. — Travail italien. 17e siècle.

2446 — Lime à ongles. — Fer damasquiné. Travail italien. 16e siècle.

2447 — Couteau en forme de serpette. — Travail italien. 16e siècle.

2448 — Couteau à manche d'ivoire. — Travail italien. 16e siècle.

2449 — Grande fourchette de fer à manche d'ivoire. — Travail italien. 16e siècle.

2450 — Couteau à manche de fer ciselé et doré. — Travail italien. 16e siècle.

2451 — Petite fourchette à manche de fer ciselé et doré. — Travail italien. 16e siècle.

2452 — Fourchette à manche de fer incrusté d'argent. — Travail allemand. 17e siècle.

2453 — Couteau à manche de fer incrusté d'argent. — Travail allemand. 17e siècle.

2454 — Petite trousse composée de six pièces en fer poli en partie doré. — 17e siècle.

2455 — Scie de veneur. — Travail allemand. 16e siècle.

2456 — Trousse en peau de serpent noire contenant deux couteaux et une fourchette. — Travail italien. 16e siècle.

2457 — Couteau à manche de fer ciselé. Espagne. 16e siècle.

2458 — Fourchette à manche de cuivre formant pistolet. — Travail allemand. 18e siècle.

2459 — Couteau à manche de cuivre formant pistolet. — Travail allemand. 18e siècle.

2460 — Présentoir. — Travail italien. 16e siècle.

2461 — Cisailles en fer gravé et doré. — Travail italien. 16e siècle.

2462 — Grand couteau à défaire. — Travail italien. 16e siècle.

2463 — Sécateur à ressort à lame gravée et dorée. — Travail italien. 16e siècle.

2464 — Scie de veneur. — Travail italien. 16e siècle.

2465 — Couteau à défaire. — Travail italien. 16e siècle.

2466 — Couteau de vénerie à manche ciselé et doré. — Travail italien. 16e siècle.

2467 — Petit couteau de vénerie. — Travail italien. 16e siècle.

2468 — Ciseau. — Travail italien. 16e siècle.

2469 — Petite hachette de vénerie. — Travail italien. 16e siècle.

2470 — Tourne-vis. — Travail italien. 16e siècle.

2471 — Petit couteau à défaire. — Travail italien. 16e siècle.

2472 — Couteau à défaire. — Travail italien. 16e siècle.

2473 — Scie de veneur. — Travail italien (1563).

2474 — Lime et grattoir de veneur. — Travail italien. 16e siècle.

2475 — Gros poinçon de veneur. — Travail italien. 15e siècle.

2476 — Marteau de veneur. — Travail italien. 16e siècle.

2477 — Petite hachette de veneur. — Travail italien. 16e siècle.

2478 — Couteau à défaire. — Travail italien. 16e siècle.

2479 — Sécateur à ressort à lame gravée et dorée. — Travail italien. 16e siècle.

2480 — Petit couteau à défaire. — Travail italien. 16e siècle.

2481 — Scie de veneur. — Travail italien. 16e siècle.

2482 — Couteau de veneur. — Travail italien. 16e siècle.

2483 — Marteau de vénerie en fer gravé. — Travail italien. 16e siècle.

2484 — Lime et grattoir de veneur. — Travail italien. 16e siècle.

2485 — Poinçon de veneur. — Travail italien. 16e siècle.

2486 — Couteau à défaire. — Travail italien. 16e siècle.

2487 — Marteau de vénerie. — Travail italien. 16e siècle.

2488 — Petite hachette de veneur. — Travail italien. 16e siècle.

2489 — Lime et grattoir de veneur. — Travail italien. 16e siècle.

2490 — Forces de fer ornées de plaques de nacre. — Travail italien. 16e siècle.

2491 — Petites forces. — 16e siècle.

2492 — Petites forces en fer gravé et doré. — Travail italien. 14e siècle.

2493 — Petites forces en fer gravé et doré. — Travail italien. 16e siècle.

2494 — Petites forces dans leur étui en fer gravé. — 17e siècle.

2495 — Étui de ciseaux en fer damasquiné. — Travail italien. 16e siècle.

2496 — Petits ciseaux en fer gravé et doré. — 16e siècle

2497 — Tenailles en fer ciselé. — 16e siècle.

2498 — Briquet à ressort en acier gravé. — 16e siècle.

2499 — Pince de chirurgien. — Travail oriental ou vénitien.

2500 — Couteau de poche. — 17e siècle.

2501 — Tenailles de fer ciselé. — Travail français. 17e siècle.

2502 — Instrument à plusieurs fins. — 17e siècle.

2503 — Serre-joints en fer ciselé. — Travail italien. 17e siècle.

2504 — Marteau et couteau réunis. — Fer gravé. 17e siècle.

2505 — Tire-bouchon en fer ciselé et doré. — 17e siècle.

2506 — Grand couteau de jardinier à quatre lames. — Travail italien. 16e siècle.

2507 — Tire-bouchon en fer ciselé et doré. — 17e siècle.

2508 — Trousse de veneur. — Espagne. 16e siècle.

2509 — Petit marteau en fer en partie doré. — 16e siècle.

2510 — Manche de trépan en fer damasquiné d'or. — Venise (1554).

2511 — Couteau à manche de bronze ciselé et doré. — Travail allemand. 16e siècle.

2512 — Fourchette montée en bronze ciselé et doré. — Travail allemand. 17e siècle.

2513 — Couteau à manche d'argent gravé. — 16e siècle.

2514 — Couteau à manche d'argent gravé. — 16e siècle.

2515 — Couteau à manche d'ivoire sculpté. — 17e siècle.

2516 — Couteau à manche d'ivoire sculpté. — 17e siècle.

2517 — Petit couteau à manche d'ivoire incrusté. — 16e siècle.

2518 — Taille-plumes en fer gravé. — 17e siècle.

2519 — Scie à manche de bois. — 16e siècle.

2520 — Couteau à défaire. — 16e siècle.

2521 — Petit couteau à défaire. — 16e siècle.

2522 — Poinçon. — 16e siècle.

2523 — Fusil à aiguiser. — 16e siècle.

2524 — Petite hache. — 16e siècle.

2525 — Couteau à lame recourbée. — 16e siècle.

2526 — Grattoir. — 16e siècle.

2527 — Cuillère et fourchette pliantes en vermeil. — Allemagne. 16e siècle.

2528 — Couteau en fer ciselé et doré. — 17e siècle.

2529 — Couteau à manche de buis sculpté. — 17e siècle.

FERRONNERIE

2530 — Grand cabinet. — Fer repoussé, damasquiné et doré, monture en ébène. Travail espagnol. 16e siècle.

2531 — Cabinet. — Fer damasquiné d'or et d'argent, monté en ébène. Travail italien. 16e siècle.

2532 — Cabinet. — Fer repoussé, damasquiné, doré et argenté. Travail italien. 16e siècle.

2533 — Cabinet. — Fer repoussé, damasquiné, doré et argenté. Travail italien. 16e siècle.

2534 — Petit cabinet. — Fer repoussé, damasquiné d'or et d'argent. Travail italien. 16e siècle.

2535 — Grande plaque en fer damasquiné. — Travail italien. 16e siècle.

2536 — Écritoire. — Fer damasquiné. Travail vénitien. 16e siècle.

2537 — Écritoire. — Fer damasquiné. Travail italien. 16e siècle.

2538 — La Mise au tombeau. — Fer repoussé. Travail italien. 16e siècle.

2539 — Cadre de miroir. — Travail italien. 16e siècle.

2540 — Plaque repoussée. La Renommée. — Travail italien. 16e siècle.

2541 — Apollon. — Travail italien. 16e siècle.

2542 — Plaque repoussée. Mars. — Travail italien. 16e siècle.

2543 — L'Enlèvement de Proserpine. — Travail italien. 16e siècle.

2544 — Grand fermoir de bourse. — Travail italien. 16e siècle.

2545 — Fermoir de bourse. — Travail vénitien. 16e siècle.

2546 — Fermoir de bourse. — Travail italien. 16e siècle.

2547 — Fermoir de bourse. — Travail italien. 16e siècle.

2548 — Fermoir de bourse. — Travail italien. 16e siècle.

2549 — Garniture de bourse.

2550 — Moraillon. — Travail vénitien. 16e siècle.

2551-2552 — Fragments de troussequin de selle. — Travail italien. 16e siècle.

2553 — Jupiter et Callisto. — Plaque en fer repoussé, damasquiné et doré. Travail italien. 16e siècle.

2554 — L'Été. — Plaque en fer repoussé, en partie doré. Travail italien. 16e siècle.

2555 — L'Espérance. — Plaque. Travail italien. 16e siècle.

2556 — L'Évangéliste saint Jean. — Travail italien. 16e siècle.

2557 — L'Évangéliste saint Marc. — Travail italien. 16e siècle.

2558 — Un Vieillard parlant à des paysans. — Plaque en fer repoussé. Travail italien. Fin du 16e siècle.

2559 — Scène de fiançailles. — Plaque en fer repoussé. Travail italien. Fin du 16e siècle.

2560 — Le Berger Pâris. — Fer repoussé. Travail italien. Fin du 16e siècle.

2560 bis. — Les Moissonneurs. — Fer repoussé. Travail italien. 16e siècle.

2561 — Saint Georges combattant le dragon. — Travail italien. 16e siècle.

2562 — Huit plaques de bordure. — Fer gravé et damasquiné. Travail italien. 16e siècle.

2563 — Minerve. — Travail italien. 16e siècle.

2564 — Coffret. — Travail italien. 16e siècle.

2565 — Coffret. — Travail italien. 16e siècle.

2566 — La Prudence. — Travail italien. 16e siècle.

2567 — Cérès. — Fer repoussé. Travail italien. 16e siècle.

2568 — Fragment de selle. — Fer repoussé et doré. 16e siècle.

2569 — Fragment de selle. — Fer repoussé et doré. 16e siècle.

2570 — La Force. — Plaque en fer repoussé et en partie doré. 16e siècle.

2571-2572. — Deux fragments de coffret. — Fer repoussé et en partie doré. 16e siècle.

2573 — Le Dieu Mars. — Fer repoussé en partie doré. 16e siècle.

2574 — Mars et Vénus. — Plaque en fer incrusté d'or. 16e siècle.

2575 — Sujet inconnu. — Plaque en fer repoussé et en partie doré. 16e siècle.

2576 — Judith. — Fer repoussé et damasquiné. 16e siècle.

2577 — Scène historique. — Bas-relief en fer repoussé et doré. 16e siècle.

2578 — Armoiries de l'empereur Charles-Quint. — Travail espagnol. 16e siècle.

2579 — Allégorie sur David et Saül.— Fer repoussé. Travail italien. 16e siècle.

2580 — Cléopâtre. — Fer repoussé. Travail italien ou français. 16e siècle.

2581 — Deux cariatides. — Fer ciselé. 16e siècle.

2582 — Une Bataille.— Fer repoussé. Travail italien. Commencement du 17e siècle.

2583 — Poire d'angoisse. — Travail allemand. 16e siècle.

2584 — Fermoir de bourse. — Travail italien.

2585 — Coffret. — Travail français. 15e siècle.

2586 — Coffret. — Travail français. Fin du 15e siècle.

2587 — Coffret. — 15e siècle.

2588 — Grand coffret. — Travail français. 15e siècle.

2589 — Coffret. — Travail français. 15e siècle.

2590 — Coffret. — Travail français. Commencement du 16e siècle.

2591 — Coffret. — Travail allemand. 16e siècle.

2592 — **Coffret en fer damasquiné.**

PIERRES DURES

2593 — Grand baiser de paix en cristal de roche, orné d'or émaillé et de pierreries. — Travail italien. 16e siècle.

2594 — Crucifix en cristal de roche, en or et en argent dorés et émaillés. — Travail allemand ou italien. 16e siècle.

2595 — Paire de flambeaux en cristal de roche gravé, montés en argent doré et en or émaillé. — Travail italien. 16e siècle.

2596 — Paire de flambeaux en cristal de roche. — Travail allemand. 16e siècle.

2597 — Paire de candélabres d'autel en jaspe sanguin. — Travail espagnol. 16e siècle.

2598 — Vase en forme de seau en cristal de roche monté en or émaillé. — Travail italien. 16e siècle.

2599 — Grande coupe en cristal de roche montée en or émaillé. — Travail italien. 16e siècle.

2600 — Coupe en cristal de roche montée en or émaillé. — Travail italien. 16e siècle.

2601 — Coupe en jaspe fleuri montée en or émaillé. — Travail italien. Fin du 16e siècle.

2602 — Coupe en cristal de roche fumé montée en or émaillé. Travail italien. 16e siècle.

2603 — Aiguière en cristal de roche fumé, montée en argent doré et en or émaillé. — Travail allemand. Fin du 16e siècle.

2604 — Coupe en prime d'émeraude montée en or émaillé. — Travail italien. 16e siècle.

2605 — Hanap en cristal de roche monté en or émaillé. — Travail italien. 16e siècle.

2606 — Bocal en cristal de roche gravé monté en cuivre repoussé et doré. — Travail allemand. Fin du 16e ou commencement du 17e siècle.

2607 — Coupe en jaspe fleuri. — Jaspe, monture d'argent doré.

2608 — Gobelet en cristal de roche gravé monté en argent doré. — Travail allemand. Fin du 16e siècle.

2609 — Reliquaire en cristal de roche monté en argent doré. — Travail allemand.

2610 — Reliquaire en cristal de roche monté en argent doré. — Travail allemand.

2611 — Vase en cristal de roche gravé monté en or émaillé. — Travail italien. 16e siècle.

2612 — Hercule enchaînant Cerbère. — Cristal de roche gravé. Travail italien. 16e siècle.

2613 — Judith tranchant la tête d'Holopherne. — Plaque de cristal de roche gravée. Travail du nord de l'Italie. 16e siècle.

2614 — Scène de chasse. — Plaque de cristal de roche gravée. — Travail italien. 16e siècle.

2615 — Petit coffret en cristal de roche monté en or émaillé. — Travail italien. Fin du 15e siècle.

2616 — Petit buste de femme en sardonyx monté en or émaillé. — Travail italien. 17e siècle.

2617 — Scène de chasse. — Plaque de cristal de roche gravé. Travail italien. 16e siècle.

2618 — Médaillon de cristal de roche gravé. — Travail italien. Commencement du 16e siècle.

2619 — Buste de femme en aventurine. — Travail italien. Fin du 16e siècle.

2620 — Le Christ à la colonne. — Travail allemand. 16e siècle.

2621 — Buste d'homme en cristal de roche. — Travail italien. Fin du 16e siècle.

2622 — Calvaire en jaspe sanguin, monté en or émaillé. — Travail italien. 16e siècle.

2623 — Autel en argent doré orné de diamants et de rubis. — Travail allemand. 17e siècle.

2624 — Bénitier d'applique en jaspe et en ivoire monté en or. — Travail italien. Commencement du 17e siècle.

2625 — Plateau d'ambre monté en argent doré. — Travail allemand. Fin du 16e ou commencement du 17e siècle.

2626 — Cannette en jaspe montée en argent doré. — Travail allemand.

2627 — Petit seau en lapis monté en or. — Travail italien. 16e siècle.

2628 — Diane surprise par Actéon. — Bas-relief en ambre. Travail allemand. 16e siècle.

2629 — Sablier monté en nacre et en or. — Travail français. 16e siècle.

2630 — Coupe couverte en jaspe fleuri montée en or émaillé. — Travail allemand. 16e siècle.

2631 — Horloge de table en jaspe sanguin. — Jaspe sanguin monté en or émaillé. Travail français. 16e siècle.

2632 — Aiguière en cristal de roche. — Cristal de roche et or émaillé. Travail allemand. Fin du 16e siècle.

2633 — Coupe en cristal de roche. — Cristal de roche et or émaillé. Travail allemand. 16e siècle.

2634 — Coupe en cristal de roche. — Cristal de roche et or émaillé. Travail allemand. 15e siècle.

2635 — Petite coupe en agate montée en argent doré. — 17e siècle.

2636 — Médaillon en cristal de roche monté en argent doré. — Travail italien. 16e siècle.

2637 — Plaque ovale en cristal de roche gravé. — Travail italien. 16e siècle.

2638 — Reliquaire en cristal de roche monté en or émaillé.

HORLOGES

2639 — Grande pendule astronomique en cuivre doré et ciselé. — Allemagne. 16e siècle.

2640 — Grande pendule en cuivre gravé, ciselé et doré. — Allemagne. 16e siècle.

2641 — Pendule en cuivre gravé, ciselé et doré. — Allemagne. Fin du 16e siècle.

2642 — Pendule en cuivre gravé et doré. — Allemagne. 16e siècle.

2643 — Pendule astronomique en cuivre gravé, ciselé et doré. — Allemagne. 16e siècle.

2644 — Pendule de forme circulaire en cuivre doré et en ébène. — Allemagne. 16e siècle.

2645 — Pendule astronomique en bronze ciselé et doré. — Allemagne (1568).

2646 — Pendule en cuivre ciselé et doré. — Allemagne (1559).

2647 — Pendule astronomique en cuivre doré et ciselé. — Allemagne. 16e siècle.

2648 — Grande horloge astronomique en cuivre doré. Allemagne. 16e siècle.

2649 — Horloge astronomique en cuivre gravé et doré. — Allemagne. Fin du 16e siècle.

2650 — Pendule astronomique de forme rectangulaire en cuivre ciselé et doré. — Allemagne. 16e siècle.

2651 — Pendule astronomique en cuivre ciselé, repoussé, gravé et doré. — Travail italien. 16e siècle.

2652 — Horloge astronomique en cuivre gravé et en acier. — Allemagne. 16e siècle.

2653 — Horloge en cuivre gravé, repercé et doré. — Allemagne. 16e siècle.

2654 — Horloge en cuivre gravé et doré. — Allemagne. 16e siècle.

2655 — Pendule en cuivre ciselé, gravé et doré. — Allemagne. 17e siècle.

2656 — Pendule en cuivre ciselé et doré et en argent, ornée de plaquettes d'argent. — Allemagne. 16e siècle.

2657 — Horloge de table en cuivre ciselé et gravé. Allemagne. Fin du 16e siècle.

2658 — Pendule en cuivre ciselé et doré.—Augsbourg. 16e siècle.

2659 — Horloge en cuivre ciselé et doré. — Allemagne. 16e siècle.

2660 — Horloge de table en cuivre ciselé et doré. — Allemagne. 16e siècle.

2661 — Horloge en cuivre gravé et doré. — Allemagne. Deuxième moitié du 16e siècle.

2662 — Pendule en cuivre gravé et doré. — France. 17e siècle.

2663 — Pendule en cuivre gravé, ciselé et doré. — Allemagne. 16e siècle.

2664 — Pendule en cuivre doré. — Allemagne. 17e siècle.

2665 — Pendule en cuivre ciselé, gravé et doré. — Allemagne. Commencement du 16e siècle.

2666 — Petite pendule en cuivre doré. —Allemagne. 17e siècle.

2667 — Grande pendule en cuivre doré ornée d'appliques d'argent émaillé. — Espagne. 16e siècle.

2668 — Grande pendule astronomique en cuivre ciselé et doré. — Allemagne. 16e siècle.

2669 — Grande pendule astronomique en cuivre doré. — Italie. 16e siècle.

2670 — Grande pendule en cuivre doré. — Travail flamand (1583).

2671 — Pendule en cuivre gravé et doré. — Allemagne. 16e siècle.

2672 — Pendule en cuivre ciselé et doré et en cristal. — Allemagne. 17e siècle.

2673 — Pendule en cuivre ciselé et doré. — Allemagne. Fin du 16e siècle.

2674 — Pendule en cuivre doré et en argent émaillé. — Allemagne. 16e siècle.

2675 — Horloge en cuivre ciselé et doré. — Allemagne. 17e siècle.

2676 — Pendule en cuivre doré. — Allemagne. 17e siècle.

2677 — Pendule astronomique en cuivre doré et en argent. — Espagne. 17e siècle.

2678 — Pendule astronomique en cuivre ciselé et doré. — Allemagne. 16e siècle.

2679 — Pendule en cuivre ciselé et doré. — Allemagne. 16e siècle.

2680 — Pendule en cuivre gravé et doré. — Travail allemand (1548).

2681 — Pendule en cuivre ciselé et doré. — Travail allemand (1599).

2682 — Horloge de table en cuivre ciselé et doré. — Allemagne. Fin du 16e siècle.

2683 — Pendule en cuivre ciselé et doré. — Travail allemand. Fin du 16e siècle.

2684 — Pendule en cuivre doré. — Allemagne. Fin du 16e siècle.

2685 — Pendule astronomique en cuivre ciselé et doré. — Allemagne. 16e siècle.

2686 — Grande pendule astronomique en cuivre ciselé et doré. — Allemagne. 16e siècle.

2687 — Horloge de table en cuivre ciselé et doré. — Allemagne. 16e siècle.

2688 — Pendule de table en bronze doré. — France. Fin du 16e siècle.

2689 — Pendule en cuivre gravé et doré surmontée d'un cavalier. — Allemagne. 17e siècle.

2690 — Pendule en ébène et en cuivre doré. — Allemagne. 17e siècle.

2691 — Horloge en ébène et en bronze. — Allemagne. 17e siècle.

2692 — Pendule en bronze ciselé et doré. — Allemagne. 17e siècle.

2693 — Pendule en cuivre ciselé et doré surmontée d'une figure de licorne. — Allemagne. Commencement du 17e siècle.

2694 — Pendule en ébène et en bronze doré. — Allemagne. 16e siècle.

2695 — Grande horloge en cuivre doré. — Allemagne. 17e siècle.

2696 — Pendule en ébène surmontée d'un éléphant en cuivre doré. — Allemagne. 17e siècle.

2697 — Horloge en cuivre gravé. — Allemagne. 17e siècle.

2698 — Petite horloge en cuivre gravé et doré. — Allemagne. 16e siècle.

2699 — Horloge en cuivre ciselé. — Allemagne. Fin du 16e siècle.

2700 — Horloge en cuivre gravé et découpé à jour. Travail allemand (1612).

2701 — Petite horloge. — Allemagne. 17e siècle.

2702 — Petite horloge en forme de livre. — Allemagne. 16e siècle.

2703 — Petite horloge en forme de livre. — Travail français. Fin du 16e siècle.

2704 — Petite horloge ou montre rectangulaire. — Paris. 17e siècle.

2705 — Boîte de montre en cuivre découpé à jour et doré. — Allemagne. 17e siècle.

2706 — Petite horloge en cuivre ciselé. — Allemagne. 17e siècle.

2707 — Petite horloge de forme circulaire. — Allemagne. 17e siècle.

2708 — Horloge de table en cuivre gravé. 17e siècle.

MONTRES

2709 — Montre émaillée. — Travail français. Commencement du 17e siècle.

2710 — Grosse montre ovale en or émaillé. — Travail anglais. 16e siècle.

2711 — Petite montre en or émaillé. — Travail français. 17e siècle.

2712 — Grosse montre en or émaillé. — France. 16e siècle.

2713 — Montre en or émaillé et en cristal de roche. — Travail allemand. 16e siècle.

2714 — Montre en or émaillé. — Travail français. 16e siècle.

2715 — Petite montre en cristal de roche. — Travail français. Fin du 16e siècle.

2716 — Montre octogonale en cristal de roche. — Travail français. 17e siècle.

2717 — Petite montre octogonale à boîtier en cristal de roche. — Travail hollandais (1625).

2718 — Montre en cristal de roche. — Travail français. Fin du 16e siècle.

2719 — Horloge en cuivre ciselé et en argent gravé supportée par un Atlas. — Travail français. Fin du 16e siècle.

2720 — Montre en cristal de roche montée en or émaillé. — Travail français. Fin du 16e siècle.

2721 — Montre en cristal de roche. — Travail allemand. Fin du 16e siècle.

2722 — Montre en cristal de roche. — Travail allemand. Fin du 16e siècle.

2723 — Montre en argent gravé. — Travail français. Commencement du 17e siècle.

2724 — Montre en cristal et en argent gravé. — Travail français. Commencement du 17e siècle.

2725 — Montre en forme de croix en argent gravé montée sur un pied. — 17e siècle.

2726 — Montre en cuivre gravé. — Travail français.

2727 — Montre en cristal de roche montée en cuivre ciselé. — Travail allemand. Fin du 16e ou commencement du 17e siècle.

2728 — Montre en argent et en cuivre gravé. — Travail hollandais. 17e siècle.

2729 — Montre en cristal de roche montée en cuivre guilloché. — Travail français ou allemand. Fin du 16e siècle.

2730 — Montre en cristal de roche montée en cuivre. — Travail français. 17e siècle.

2731 — Montre et cadran solaire. — Travail allemand. 17e siècle.

2732 — Montre en cristal de roche montée en or émaillé. — Travail français. Fin du 16e siècle.

2733 — Montre en argent et en cuivre gravé. — Travail français.

2734 — Montre de cristal de roche en forme de croix. — Travail allemand. Fin du 16e siècle.

2735 — Montre en cristal de roche montée en cuivre doré. — Travail français. 16e siècle.

2736 — Montre en cristal de roche montée en cuivre doré. Travail français. 16e siècle.

2737 — Montre en cristal de roche montée en cuivre doré. — Travail français. 16e siècle.

2738 — Montre en cuivre gravé et niellé. — Travail français. 16e siècle.

2739 — Montre en argent et en cuivre gravé. — Travail français. Fin du 16e siècle.

2740 — Montre en forme de losange en cuivre gravé. — 17e siècle.

2741 — Montre en cristal de roche montée en cuivre. — Travail allemand. 17e siècle.

2742 — Montre en forme de croix en cristal de roche. — Travail français. Fin du 16e siècle.

2743 — Montre en cristal de roche en forme de croix. — Travail français. Fin du 16e siècle.

2744 — Montre en argent et en cuivre gravé. — Travail français. Commencement du 17e siècle.

2745 — Montre-reliquaire en argent gravé. — Travail français. Commencement du 17e siècle.

2746 — Montre en argent gravé. — Travail français. 17e siècle.

2747 — Montre en cristal de roche montée en cuivre. — Travail allemand. Fin du 16e siècle.

2748 — Montre en argent gravé. — Travail français. Fin du 15e siècle.

2749 — Montre en or émaillé. — Travail français. 17e siècle.

2750 — Montre en argent et en cuivre gravé. — Travail anglais. Fin du 16e siècle.

2751 — Montre en lapis monté en cuivre ciselé et doré. — Travail français. Fin du 16e siècle.

2752 — Montre en cristal de roche montée en cuivre. — Travail suisse. 17e siècle.

2753 — Montre en cristal montée en or émaillé. — Travail français.

2754 — Montre en cristal de roche montée en or émaillé. — Travail anglais. 17e siècle.

2755 — Très petite montre en or émaillé. — Travail français. 17e siècle.

2756 — Montre en forme de tête de mort. — Argent. 17e siècle.

2757 — Petite montre en argent doré et émaillé. — 17e siècle.

2758 — Montre en cristal de roche montée en or émaillé.

2759 — Montre en argent ciselé en forme d'aigle. — Travail français.

INSTRUMENTS
DE MATHÉMATIQUES

2760 — Cercle entier à pinnules en cuivre, pouvant servir d'astrolabe terrestre. — 17e siècle.

2761 — Cercle entier avec alidades à pinnules. — Langlois, à Paris. 17e sièc'e.

2762 — Cercle entier en cuivre. — De W. Snecwine, à Delft. 17e siècle.

2763 — Cercle entier en cuivre gravé. — De L. Delacour, à Dunkerque. 18e siècle.

2764 — Cercle avec lunettes. — De Macquart, à Paris. 18e siècle.

2765 — Cercle azimutal en cuivre, à pinnules. — De Laurent Vignarelli, à Urbin (1639).

2766 — Graphomètre en cuivre gravé et repercé. — 17e siècle.

2767 — Graphomètre en cuivre. — De Pierre Sevin, à Paris (1665).

2768 — Graphomètre. — De Grilliet, à Paris. 18e siècle.

2769 — Graphomètre en cuivre gravé, garni d'argent ciselé. — De Butterfield, à Paris. 17e siècle.

2770 — Lunette avec règle divisée. — France. 18e siècle.

2771 — Télescope monté en cuivre et garni d'argent ciselé. — 17e siècle.

2772 — Télescope monté en cuivre et en argent. 17e siècle.

2773 — Microscope à course verticale en cuivre et en argent gravé. — 18e siècle.

2774 — Sextant de cuivre garni d'argent. — De Gambey, à Paris. 18e siècle.

2775 — Octant en ébène, cuivre et ivoire. — De Goater, à Londres (1777).

2776 — Octant en ébène et ivoire. — De Crichton, à Londres. 18e siècle.

2777 — Cadran astronomique ou astrolabe horaire en cuivre. — De Johann Willebrandt, à Augsbourg. 16e siècle.

2778 — Échelle de dilatation des métaux. — Allemagne. 17e siècle.

2779 — Aune pliante en fer. — 17e siècle.

2780 — Grand astrolabe en cuivre doré, argenté, ciselé, gravé et peint. — Allemagne. 16e siècle.

2781 — Grand astrolabe en cuivre ciselé, gravé et doré. — Travail italien. 16e siècle.

2782 — Astrolabe en cuivre. — D'Adrien Descrolières. Paris (1580).

2783 — Astrolabe en cuivre gravé. — Allemagne. 16e siècle.

2784 — Astrolabe en cuivre gravé. — Travail arabe.

2785 — Astrolabe en cuivre et argent gravés. — Travail arabe.

2786 — Astrolabe en cuivre gravé. — Travail arabe.

2787 — Montre solaire en cuivre repercé à jour. — Datée de 1473. Travail italien (?).

2788 — Montre solaire en cuivre repercé à jour. — Datée de 1476. Travail italien (?).

2789 — Montre solaire en ivoire. — 15e siècle.

2790 — Montre solaire avec nécessaire astronomique en cuivre gravé et ciselé. — Allemagne (1562).

2791 — Montre solaire et nécessaire astronomique. — De Christoph Schissler, à Vienne (1557).

2792 — Montre solaire et nécessaire astronomique en cuivre gravé. — Christoph Schissler? (1570).

2793 — Montre solaire en cuivre gravé. — Allemagne (1565).

2794 — Montre solaire en cuivre gravé. — D'Alexius Schniep. Travail allemand (1571).

2795 — Montre solaire en cuivre gravé. — De Noël Vivien, à Paris. 17e siècle.

2796 — Montre solaire en cuivre gravé et doré. — Allemagne. 16e siècle.

2797 — Montre solaire en cuivre gravé. — Allemagne (1572).

2798 — Montre solaire en cuivre gravé. — Allemagne. 16e siècle.

2799 — Montre solaire en cuivre gravé. — De Van den Eedt (1586).

2800 — Montre solaire avec calendrier lunaire et nocturnal en cuivre gravé et doré. — 16e siècle.

2801 — Montre solaire en cuivre gravé et doré. — Allemagne. 16e siècle.

2802 — Montre solaire en cuivre gravé. — De Elias Allen. Londres. 17e siècle.

2803 — Montre solaire avec calendrier perpétuel en cuivre gravé. — De Klieber, à Vienne (1606).

2804 — Montre solaire en ivoire gravé et peint. — De Lienhart Miller. Allemagne (1613).

2805 — Grand nécessaire astronomique en cuivre gravé et repercé. Allemagne. 16e siècle.

2806 — Montre astronomique en cuivre gravé. — De Wettes (1639).

2807 — Montre solaire en ivoire gravé et peint, monté en argent. — Allemagne. 17e siècle.

2808 — Montre solaire en bois incrusté d'ivoire. — Allemagne. 17e siècle.

2809 — Montre solaire en cuivre doré. — Allemagne. 17e siècle.

2810 — Montre solaire en cuivre gravé. — D'Emmanuel Lamminit. Augsbourg. 17e siècle.

2811 — Boussole et cadran solaire. — De Le Maire, à Paris. 17e siècle.

2812 — Montre solaire et boussole en argent. — De Julien Le Roy. 18e siècle.

2813 — Graphomètre de Butterfield, en cuivre gravé. — Paris. 18e siècle.

2814 — Boussole marine logée dans un cube solaire en cuivre gravé. — Allemagne. 16e siècle.

2815 — Montre solaire avec boussole en cuivre. — De Duval, à Paris. 17e siècle.

2816 — Montre solaire en ivoire. — De Charles Blond, à Dieppe. 17e siècle.

2817 — Boussole marine en cuivre ciselé. — De Du Val, à Paris (1680).

2818 — Cadran solaire portatif avec boussole en cuivre. — De Fraser, à Londres. 18e siècle.

2819 — Montre solaire en cuivre gravé et doré. — 16e siècle.

2820 — Hausse de canon avec niveau de pointage en

cuivre doré et gravé. — De Paulus Reinman. Nuremberg (1599).

2821 — Hausse de canon en cuivre grave. — Travail allemand. 17⁰ siècle.

2822 — Plaque de cuivre gravée et dorée pour hausse de canon. — Travail allemand (1572).

2823 — Niveau de pointage en cuivre gravé et découpé. — Allemagne. 17⁰ siècle.

2824 — Niveau de pointage en cuivre gravé et repercé. — Travail allemand (1629).

2825 — Compas astronomique en cuivre doré, avec boussole et lignes d'ombre. — De Christophorus Schissler. — Allemagne (1555).

2826 — Compas sphérique en cuivre. — De Michalon, à Paris. 18⁰ siècle.

2827 — Compas de proportion en cuivre et en acier. 17⁰ siècle.

2828 — Podomètre en cuivre gravé. — 16⁰ siècle.

2829 — Calendrier perpétuel avec podomètre en cuivre et acier. — De W. Hager. Travail allemand (1695).

2830 — Calendrier perpétuel en fer ciselé. — France. 16⁰ siècle.

2831 — Calendrier perpétuel en cuivre. — Travail français. Dernières années du 18⁰ siècle.

2832 — Calendrier perpétuel en fer ciselé. — Allemagne. 17e siècle.

2833 — Table astronomique en fer ciselé. — France. 18e siècle.

2834 — Calendrier perpétuel en fer ciselé. — Travail français. 17e siècle.

2835 — Calendrier perpétuel en fer ciselé avec incrustation d'argent. — Travail français. 17e siècle.

2836 — Calendrier perpétuel en cuivre et argent. — De Leenhardt (1779).

2837 — Quart de cercle en cuivre gravé. — D'Isaac Phendler. — Travail allemand.

2838 — Anneau astronomique en cuivre gravé. — Travail russe. 18e siècle.

2839 — Projection des sphères céleste et terrestre, pour l'explication des saisons et de l'inégalité des jours et des nuits; cuivre et bronze. — Emmanuel, à Paris. 18e siècle.

2840 — Anneau astronomique en cuivre gravé. — De Haye, à Paris.

2841 — Anneau astronomique en bronze et en argent. — De Karreno (?) (1786). Travail italien.

2842 — Anneau astronomique. — De Lemaire à Paris. 17e siècle.

2843 — Cadran solaire portatif en cuivre. — Travail français.

2844 — Cadran solaire. — De Schol Piar, à Vienne. Commencement du 17e siècle.

2845 — Cadran solaire en cuivre ciselé et gravé. — Allemagne. 17e siècle.

2846 — Cadran solaire en cuivre. — De Jacob Lusuerg. Rome (1683).

2847 — Cadran solaire en cuivre doré et gravé. — Allemagne. 16e siècle.

2848 — Cadran solaire en étain et cuivre. — 18e siècle.

2849 — Cadran solaire avec boussole en cuivre gravé et repercé. — Allemagne. 18e siècle.

2850 — Montre solaire en cuivre gravé et repercé. — De Johannes Martin, à Augsbourg. 16e siècle.

2851 — Petit astrolabe-calendrier réglé sur la déclinaison du soleil, en cuivre gravé.

2852 — Cube solaire en cuivre. — De Paulus Bramer. Amsterdam. 18e siècle.

2853 — Montre solaire cylindrique en ivoire. — France. 17e siècle.

2854 — Montre solaire cylindrique en ivoire. — Allemagne. 17e siècle.

2855 — Quart de cercle gradué en fer.

2856 — Calendrier perpétuel en cuivre doré et argenté. — Allemagne. 17e siècle.

2857 — Cadran solaire en cuivre gravé. — De Johann-Jacob Solms. 18e siècle.

2858 — Cadran solaire. — D'Antonius Schega. Allemagne. 17e siècle.

2859 — Montre solaire cylindrique en ivoire. — France. 17e siècle.

2860 — Montre solaire en cuivre et en argent. — Fabrication française.

2861 — Cadran solaire en fer ciselé. — Travail français. 16e siècle.

2862 — Cadran solaire en fer ciselé. — De Johann Engelbrecht (1681).

2863 — Boussole d'inclinaison. — De Macquart, à Paris. 18e siècle.

2864 — Cadran astronomique avec boussole en cuivre repercé et gravé. — De Claude Dunod, à Dusseldorf. Fin du 17e siècle.

2865 — Thermomètre métallique. — De Gallonde à Paris. 17e siècle.

2866 — Thermomètre métallique. — De Samuele Fazzi. Italie (1760).

2867 — Cric en argent ciselé. — 17e siècle.

2868 — Cadran astronomique en cuivre repercé et gravé. — Michel Bergauer. 17e siècle.

2869 — Équerre en cuivre gravé. — De Blondeau, à Paris. 18e siècle.

2870 — Pantographe en ébène incrusté d'argent. — De Bernier, à Paris. 18e siècle.

2871 — Sphère céleste en bronze portée par un Atlas. — 17e siècle.

2872 — Sphère céleste en cuivre découpé à jour. — 16e siècle.

2873 — Sphère géographique en cuivre repoussé et gravé. — Allemagne. 17e siècle.

2874 — Sphère céleste en cuivre gravé et doré. — Allemagne. 17e siècle.

2875 — Sphère armillaire en cuivre gravé, doré et ciselé. — Allemagne. 16e siècle.

2876 — Grande sphère céleste en argent et cuivre doré. — Travail anglais. 17e siècle.

2877 — Sphère en argent renfermant un encrier. — France. 18e siècle.

2878 — Sphère mobile sur roues dentées pour la démonstration des mouvements célestes.

2879 — Sphère armillaire en cuivre, montée sur pied de marbre. — 17e siècle.

2880 — Petite sphère céleste en cristal dans un collier de cuivre, sur pied d'ivoire tourné et travaillé. — France. 17e siècle.

2881 — Calendrier perpétuel en fer ciselé.— Travail anglais. 16e siècle.

2882 — Astrolabe géographique et astronomique en cuivre gravé. — (1566).

2883 — Cadran astronomique, dit horomètre, en cuivre gravé. — Italie. 16e siècle.

2884 — Table solaire en cuivre doré. — Italie. 16e siècle.

2885 — Calendrier perpétuel en cuivre doré. — Allemagne. 16e siècle.

2886 — Calendrier lunaire en cuivre doré. — 16e siècle.

2887 — Table lunaire en cuivre doré. — 16e siècle.

2888 — Calendrier perpétuel en cuivre doré. — Construit par Ch. Whitwell, d'après Nathaniel Torporley. Angleterre (1593).

2889 — Calendrier solaire portatif en cuivre. — De Jacob Senebier.

2890 — Calendrier perpétuel en cuivre repercé à jour. — Travail français. 17e siècle.

2891 — Télescope en cuivre doré. — De Passement, à Paris. 17e siècle.

2892 — Astrolabe en cuivre gravé. — Travail arabe.

2893 — Astrolabe en cuivre gravé aux armes de Gonzague. — Italie (1600).

2894 — Astrolabe en bronze gravé. — Georges Hartmann. Nuremberg (1548).

2895 — Astrolabe en cuivre gravé. — Travail arabe.

2896 — Astrolabe armillaire en cuivre gravé. — Travail arabe.

2897 — Sphère céleste en cuivre surmontée d'une figurine. — Allemagne. 17e siècle.

2898 — Sphère céleste en cuivre gravé.

2899 — Graphomètre. — De Bion, à Paris. 18e siècle.

2900 — Graphomètre. — De D. Grieux, à Paris. 18e siècle.

2901 — Cadran solaire en cuivre gravé.—Allemagne (1572).

2902 — Montre solaire en cuivre gravé.—Allemagne (1588).

2903 — Boussole en cuivre et argent.

2904 — Cadran solaire en argent gravé.

2905 — Montre solaire en argent gravé.— De Butterfield, à Paris.

2906 — Nécessaire astronomique en cuivre gravé. — De Jérôme Vize, à Paris (1567).

2907 — Cadran solaire et lunaire portatif ou nécessaire astronomique en cuivre gravé.— Construit par Christoph Schissler. — Allemagne (1566).

2908 — Cadran solaire en cuivre gravé. — De Lemaire fils, à Paris. 18e siècle.

2909 — Montre solaire en ivoire. — De Paulus Reinman. Travail allemand (1595).

2910 — Montre solaire en forme d'écusson, en cuivre gravé. — Allemagne. 16e siècle.

2911 — Boussole formant montre solaire.— De Meurand, à Paris.

2912 — Horomètre astrolabe en cuivre. — Cologne (1581).

2913 — Cercle azimutal en cuivre doré. — Travail italien.

2914 — Hausse de canon avec niveau de pointage en cuivre gravé. — Travail allemand. 17e siècle.

2915 — Hausse de canon en cuivre doré, aux armes de Saxe. 17e siècle.

2916 — Hausse de canon avec niveau de pointage et boussole en cuivre gravé, doré et repercé. — Travail allemand. 17e siècle.

2917 — Niveau de pointage en cuivre doré et gravé. — Travail allemand (1616).

2918 — Niveau en forme de mitre en cuivre gravé. — Italie. 17e siècle.

2919 — Sphère armillaire. — De Gaspard Vopell. Cologne (1541).

2920 — Table de multiplication en forme de disque montée sur un pied de cuivre doré et repercé.— Travail italien. 17e siècle.

2921 — Carte géographique gravée sur une plaque de cuivre.

2922 — Carte du ciel gravée sur une plaque de cuivre.

2923 — Éolipyle en bronze et cuivre avec pied de marbre.

2924 — Éolipyle en bronze et cuivre.

2925 — Cadran solaire. — De Creutzin. 17e siècle.

2926 — Microscope. — De Magny, à Paris (1754).

2927 — Lunette marine en cuivre et argent gravé. — France. 18e siècle.

2928 — Montre solaire en ivoire et en argent. — De Charles Blond, à Dieppe. 17e siècle.

2929 — Compas mathématique en cuivre gravé.— De Christoph Schissler. Allemagne (1579).

2930 — Cadran solaire en fer ciselé incrusté d'argent. — D'Engelbrecht. Allemagne (1684).

2931 — Calendrier perpétuel en argent. — Travail allemand. 16e siècle.

2932 — Montre solaire en cuivre. — De Johann Willebrand, à Augsbourg. 16e siècle.

2933 — Quart de cercle astronomique en cuivre gravé et doré. — De Tobina Volckmer, à Brunswick (1609).

2934 — Astrolabe en cuivre ciselé et gravé. — Italie. 16e siècle.

2935 — Grand nécessaire astronomique en cuivre gravé et doré. — Travail allemand. 16e siècle.

2936 — Calendrier perpétuel en argent ciselé. — Travail français. Fin du 17e siècle.

2937 — Planchette de tir en cuivre doré et gravé. — Allemagne. 16e siècle.

2938 — Montre solaire en cuivre gravé. — 18e siècle.

2939 — Astrolabe en cuivre gravé. — Travail arabe.

2940 — Astrolabe en cuivre gravé. — 17e siècle.

2941 — Astrolabe en cuivre gravé. — 18e siècle.

2942 — Montre solaire en cuivre gravé. — Allemagne. 17e siècle.

2943 — Boussole en cuivre. — Travail allemand. 16e siècle.

2944 — Petite montre astronomique en cuivre gravé. — 17e siècle.

2945 — Montre dans une sphère en argent gravé. — Travail allemand. 18e siècle.

2946 — Hausse de canon en cuivre gravé. — G. Zorn (1627).

2947 — Hausse de canon en cuivre gravé. — (1634).

2948 — Sphère armillaire en cuivre.

2949 — Hausse de canon en cuivre gravé. — Allemagne. 17e siècle.

2950 — Sphère armillaire portée par un terme en cuivre gravé. — 17e siècle.

2951 — Montre astronomique en cuivre et en argent. — De Sisson, à Londres.

2952 — Sphère. — Travail français. 18e siècle.

CIRES

2953 — Portrait d'Érasme. — 16e siècle.

2954 — Portrait de femme. — Italie. 16e siècle.

2955 — Rodolphe, archiduc d'Autriche. — Italie. 16e siècle.

2956 — Éléonore, archiduchesse d'Autriche. — Italie. 16e siècle.

2957 — Francesco Ricci. — Italie. 16e siècle.

2958 — Portrait de femme. — Allemagne. 16e siècle.

2959 — Portrait d'homme âgé. — Allemagne. 16e siècle.

2960 — Jean Calvin. — 16e siècle.

2961 — Barthélemy Lother. — Travail allemand (1584).

2962 — Ursule Lother. — Travail allemand (1584).

2963 — Portrait d'Élisabeth de France, femme de Philippe II. — Italie. 16e siècle.

2964 — Portrait d'homme. — Italie. 16e siècle.

2965 — Portrait d'homme âgé.— Allemagne. 16e siècle.

2966 — Portrait de femme âgée. — Italie. 16e siècle.

2967 — Portrait de Guidubaldo, duc d'Urbin. — 16e siècle.

2968 — Portrait de Philippe II. — Allemagne. 16e siècle.

2969 — Portrait de femme âgée. — Allemagne. 16e siècle.

2970 — Buste d'homme. — 16e siècle.

2971 — Portrait d'homme. — Italie. 16e siècle.

2972 — Portrait de Don Carlos, fils de Philippe II. — Allemagne. — 16e siècle.

2973 — Buste de femme. — 16e siècle.

2974 — Portrait de femme. — Italie. 16e siècle.

2975 — Portrait d'homme. — Travail allemand. Fin du 16e siècle.

2976 — Portrait de Charles II, roi d'Angleterre. — 17e siècle.

2977 — Portrait d'homme. — Italie. 16e siècle.

2978 — Scène d'intérieur. — Venise. 16e siècle.

2979 — Sainte Marie-Madeleine. — Italie. 17e siècle.

2980 — Portrait de Maximilien d'Autriche. — Italie.

COFFRETS

2981 — Coffret de mariage. — Travail italien. Fin du 14e siècle.

2982 — Coffret de mariage. — Travail italien. Fin du 14e siècle.

2983 — Coffret. — Pâte peinte et dorée. Travail italien.

2984 — Coffret. — Pâte peinte et dorée. Travail italien. 15e siècle.

2985 — Coffret de mariage. — Travail italien. Milieu du 15e siècle.

2986 — Coffret. — Travail italien. Commencement du 16e siècle.

2987 — Coffret en ébène et en cuivre doré et gravé. — 17e siècle.

JEUX

2988 — Table de trictrac et échiquier. — Travail vénitien. 16e siècle.

2989 — Table de trictrac et échiquier. — Travail allemand. 16e siècle.

2990 — Table de trictrac et échiquier. — Travail allemand. Fin du 16e siècle.

2991 — Table de trictrac et échiquier. — Travail italien. 16e siècle.

2992 — Table de trictrac et échiquier. — Travail italien. 17e siècle.

2993 — Table de trictrac. — Travail allemand. Commencement du 17e siècle.

2994 — Table de trictrac. — Travail espagnol. 18e siècle.

2995 — Table de trictrac. — Allemagne. Commencement du 17e siècle.

2996 — Table de trictrac. — Travail allemand. 17e siècle.

2997 — Table de trictrac. — Travail allemand. 17e siècle.

2998 — Jeu de tarots. — Florence. 16e siècle.

2999 — Jeu de cartes. — France. 18e siècle.

3000 — Jeu de cartes. — France. 18e siècle.

3001 — Jeu de cartes. — France. 18e siècle.

3002 — Jeu de cartes. — Allemagne. 19e siècle.

MANUSCRITS

3003 — Bible (partie de la). — Espagne. Fin du 15e siècle.

3004 — Bible — Travail français. 13e siècle.

3005 — Livre d'heures. — Travail français. 15e siècle.

3006 — Livre d'heures. — Travail français. 15e siècle.

3007 — Livre de prières. — Travail français. 15e siècle.

3008 — Livre d'heures. — Travail français. Fin du 15e siècle.

3009 — Livre d'heures. — Travail italien. 15e siècle.

3010 — Livre d'heures. — Travail franco-flamand. 15e siècle.

3011 — Livre d'heures. — Travail français. Fin du 15e siècle.

3012 — Livre d'heures. — Travail français. Commencement du 16e siècle.

3013 — Livre d'heures. — Travail français. 15e siècle.

3014 — Livre d'heures. — Travail français. Commencement du 16e siècle.

3015 — Livre d'heures. — Travail franco-flamand. 15e siècle.

3016 — Livre d'heures. — Travail flamand. Deuxième moitié du 15e siècle.

3017 — Livre d'heures. — Travail français. 16e siècle.

3018 — Livre d'heures. — Travail français. 15e siècle.

3019 — Livre d'heures. — Travail français. 15e siècle.

3020 — Livre d'heures. — Travail français ou flamand. 16e siècle.

3021 — Office de la Vierge. — Travail français. 16e siècle.

3022 — Les Métamorphoses d'Ovide. — Travail florentin. 15e siècle.

3023 — Les Évangiles traduits en arabe.

3024 — Le Boustan. — Manuscrit persan.

3025 — Description de pièces d'orfèvrerie. — Italie. 17e siècle.

3026 — Histoire des Pays-Bas, par Adrien Baltyn. 17e siècle.

3027 — Livre d'heures. — Travail flamand. 15e siècle.

3028 — Livre d'heures — Seconde moitié du 15e siècle.

3029 — Livre d'heures. — Seconde moitié du 15e siècle.

3030 — Bible latine, dite Bible de Conradin. — Milieu du 13e siècle.

3031 — La Coche ou le Débat d'Amour, poème de Marguerite, reine de Navarre.

3032 — Atlas ou Portulan, exécuté vers le milieu du 16e siècle pour Philippe, fils de l'empereur Charles-Quint.

3033 — Traité de pyrotechnie. 16e siècle.

3034 — Portrait des comtes de Teysbertant. — Travail flamand. Fin du 16e siècle.

3035 — Recueil de dessins d'armures. 16e siècle.

3036 — Livre de tournois. — Travail allemand. Fin du 16e siècle.

3037 — Histoire d'Allemagne. — Allemagne. 18e siècle.

3038 — Traité du blason. — Travail français. Commencement du 16e siècle.

3039 — Pontifical. — Travail italien. 16e siècle.

3040 — Livre d'heures. — Travail français. 16e siècle.

3041 — Recueil d'armures. — Travail italien. 16e siècle.

3042 — Livre de prières. — Travail italien. Naples. 15e siècle.

3043 — Office de la Vierge. — Italie. 17e siècle.

3044 — Livre des Psaumes. — Travail hollandais. 17e siècle.

3045 — Recueil de planches, par Androuet Ducerceau. — France. 16e siècle.

ÉTOFFES

3046 — Broderie. — Travail de Constantinople ou du Mont Athos. 12e ou 13e siècle.

3047 — Broderie. — Travail de Constantinople ou du Mont Athos. 12e ou 13e siècle.

3048 — Broderie. — Travail de Constantinople ou du Mont Athos. 12e ou 13e siècle.

3049 — Broderie. — Travail anglais. De la fin du 13e siècle ou du commencement du 14e siècle.

3050 — Broderie. — Travail flamand. 16e siècle.

3051 — Broderie. — Travail espagnol. 16e siècle.

3052 — Chape. — Travail espagnol. 16e siècle.

3053 — **Chaperon.** — Travail espagnol. 16e siècle.

3054 — Broderie. — Travail flamand. Fin du 15e siècle.

3055 — Broderie. — Travail flamand. Fin du 15e siècle.

3056 — Chape. — Travail anglais. Fin du 15e siècle.

3057 — Chape. — Travail anglais. Fin du 15e siècle.

3058 — Chasuble. — Travail de Cologne. Fin du 15e siècle.

3059 — Dalmatique. — Travail de Cologne. Fin du 15e siècle.

3060 — Chape. — Travail espagnol. 16e siècle.

3061 — Dalmatique. — Travail espagnol. 16e siècle.

3062 — Dalmatique. — Travail espagnol. 16e siècle.

3063 — Chasuble. — Travail espagnol. 16e siècle.

3064 — Dalmatique. — Travail espagnol. 17e siècle.

3065 — Chasuble. — Travail italien. 16e siècle.

3066 — Chasuble. — Travail italien. 16e siècle.

3067 — Chasuble. — Travail italien. 16e siècle.

3068 — Broderie. — Travail portugais. 16e siècle.

3069 — Grand tapis brodé au petit point. — Travail italien. 17e siècle.

3070 — Grand tapis en velours rouge. — Travail italien. 17e siècle.

3071 — Broderie. — Travail espagnol. 16e siècle.

3072 — Tapis en soie orné d'application. — Travail italien. 17e siècle.

3073 — Broderie. — Travail portugais. 17e siècle.

3074 — Broderie. — Travail portugais. 16e siècle.

3075 — Devant d'autel. — Travail portugais. 17e siècle.

3076 — Portière en velours rouge. — Travail italien. 17e siècle.

3077 — Portière semblable.

3078 — Tapisserie au petit point. — Travail français. 16e siècle.

3079 — Broderie. — Travail français. Époque de Louis XIV.

3080 — Tapisserie au point. — Travail français. 17e siècle.

3081 — Broderie. — Travail italien. 17e siècle.

3082 — Tapis en velours rouge brodé. — Travail italien. 17e siècle.

3083 — Devant d'autel. — Travail espagnol. 16e siècle.

3084 — Devant d'autel. — Travail italien. 17e siècle.

3085 — Devant d'autel. — Travail italien. 17e siècle.

3086 — Devant d'autel. — Travail italien. 16e siècle.

3087 — Devant d'autel. — Travail français. 17e siècle.

3088 — Broderie. — Travail italien. 17e siècle.

3089 — Devant d'autel. — Travail espagnol. — 16e siècle.

3090 — Devant d'autel. — Travail italien. 16e siècle.

3091 — Devant d'autel. — Travail espagnol. 17e siècle.

3092 — Devant d'autel. — Travail espagnol. 16e siècle.

3093 — Broderie. — Travail espagnol. Fin du 15e siècle.

3094 — Broderie. — Travail espagnol. 16e siècle.

3095 — Pluvial de chape. — Travail italien. 15e siècle.

3096 — Broderie. — Travail hispano-flamand. 17e siècle.

3097 — Broderie. — Travail hispano-flamand. 16e siècle.

3098 — Broderie. — Travail italien. 16e siècle.

3099 — Broderie. — Travail italien. 16e siècle.

3100 — Broderie. — Travail espagnol. 16e siècle.

3101 — Broderie. — Travail espagnol. 16e siècle.

3102 — Broderie. — Travail espagnol. 17e siècle.

3103 — Broderie. — Travail espagnol. 16e siècle.

3104 — Broderie. — Travail espagnol. 16e siècle.

3105 — Broderie. — Travail espagnol. 16e siècle.

3106 — Broderie. — Travail italien. 16e siècle.

3107 — Broderie. — Travail espagnol. 16e siècle.

3108 — Broderie. — Travail italien. 16e siècle.

3109 — Broderie. — Travail italien. 16e siècle.

3110 — Broderie. — Travail italien. 16e siècle.

3111 — Broderie. — Travail espagnol. Fin du 16e siècle.

3112 — Broderie. — Travail espagnol. 16e siècle.

3113 — Broderie. — Travail espagnol. Fin du 16e siècle.

3114 — Broderie. — Travail espagnol. Fin du 16e siècle.

3115 — Broderie. — Travail espagnol. 16e siècle.

3116 — Broderie. — Travail espagnol. 16e siècle.

3117 — Broderie. — Travail espagnol. 16e siècle.

3118 — Broderie. — Travail espagnol. 16e siècle.

3119 — Broderie. — Travail espagnol. 16e siècle.

3120 — Broderie. — Travail espagnol. 16e siècle.

3121 — Broderie. — Travail italien. 16e siècle.

3122 — Broderie. — Travail italien. 16e siècle.

3123 — Broderie. — Travail espagnol. 17e siècle.

3124 — Broderie. — Travail italien. 17e siècle.

3125 — Broderie. — Travail espagnol. 17e siècle.

3126 — Broderie. — Travail italien. 16e siècle.

3127 — Broderie. — Travail italien. 17e siècle.

3128 — Broderie. — Travail italien. 17e siècle.

3129 — Broderie. — Travail italien. 16e siècle.

3130 — Broderie. — Travail espagnol. 16e siècle.

3131 — Broderie. — Travail italien. 16e siècle.

3132 — Broderie. — Travail italien. 16e siècle.

3133 — Broderie. — Travail espagnol. 16e siècle.

3134 — Broderie. — Travail espagnol. 16e siècle.

3135 — Broderie. — Travail espagnol. 17e siècle.

3136 — Broderie. — Travail italien. 17e siècle.

3137 — Broderie. — Travail italien. 17e siècle.

3138 — Velours. — Travail italien. 15e siècle.

3139 — Velours. — Travail italien. 15e siècle.

3140 — Paire de gants. — Travail italien. 16e siècle.

3141 — Paire de gants. — Travail italien. 17e siècle.

3142 — Paire de gants. — Travail italien. 17e siècle.

3143 — Broderie au petit point. — Travail français du temps de Henri IV.

3144 — Broderie au point. — Travail italien. 16e siècle.

3145 — *Broderie au point.* — Travail français. Époque de Henri IV.

3146 — Broderie. — Travail italien. Fin du 16e siècle.

3147 — Justaucorps. — Travail espagnol. 16e siècle.

3148 — Pluvial de chape. — Travail italien. 16e siècle.

3149 — Broderie. — Travail italien. 16e siècle.

3150 — Chaperon de chape. — Travail espagnol. *16e siècle.*

3151 — Chaperon de chape. — Travail espagnol. 16e siècle.

3152 — Chaperon de chape. — Travail italien. 16e siècle.

3153 — Broderie. — Travail italien. 16e siècle.

3154 — Broderie. — Travail espagnol. 16e siècle.

3155 — Broderie. — Travail florentin. 16e siècle.

3156 — Broderie. — Travail italien. 16e siècle.

3157 — Broderie. — Travail français ou italien. 16e siècle.

3158 — Broderie. — Travail français ou italien. 16e siècle.

3159 — Broderie. — Travail français du temps de Louis XIV.

3160 — Broderie. — Travail italien. 18e siècle.

3161 — Broderie. — Travail italien. Fin du 16e siècle.

3162 — Broderie. — Travail italien. 17e siècle.

3163 — Broderie. — Travail italien. 17e siècle.

3164 — Broderie. — Travail italien. 17e siècle.

3165 — Broderie. — Travail français du temps de Louis XVI.

3166 — Toque. — Travail italien. 16e siècle.

3167 — Guipure. — Travail espagnol. 17e siècle.

3168 — Guipure. — Travail espagnol ou vénitien. 16e siècle.

3169 — Tissu de soie. — Travail italien. 15e siècle.

3170 — Tissu de soie et de lin. — Travail italien. 14e siècle.

3171 — Étoffe de coton. — Travail italien. 15e siècle.

3172 — Tissu de coton. — Travail italien. 15e siècle.

3173 — Damas de soie. — Travail espagnol. 16e siècle.

3174 — Tissu de soie. — Travail italien. 15e siècle.

3175 — Tissu de soie. — Travail italien. 16e siècle.

3176 — Damas. — Travail italien. 16e siècle.

3177 — Damas. — Travail italien. 15e siècle.

3178 — Velours. — Travail italien. 16e siècle.

3179 — Satin broché. — Travail italien. 16e siècle.

3180 — Damas. — Travail italien. 15e siècle.

3181 — Damas. — Travail italien. 16e siècle.

3182 — Velours. — Travail italien. 16e siècle.

3183 — Damas. — Travail italien. 16e siècle.

3184 — Damas. — Ancien travail oriental.

3185 — Damas. — Travail italien. 16e siècle.

3186 — Brocatelle. — Travail italien. 16e siècle.

3187 — Drap d'or. — Travail italien. 16e siècle.

3188 — Velours. — Travail italien. 16e siècle.

3189 — Velours. — Travail italien. 16e siècle.

3190 — Velours. — Travail italien. 17e siècle.

3191 — Velours. — Travail italien. 17e siècle.

3192 — Velours. — Travail italien. 16e siècle.

3193 — Velours. — Travail italien. 16e siècle.

3194 — Velours. — Travail espagnol. 16e siècle.

3195 — Velours. — Travail italien. 16e siècle.

3196 — Velours. — Travail italien. 15e siècle.

3197 — Velours. — Travail italien. 16e siècle.

3198 — Velours. — Travail italien. 16e siècle.

3199 — Velours. — Travail italien. 16e siècle.

3200 — Velours. — Travail italien. 16e siècle.

3201 — Velours. — Travail italien. 16e siècle.

3202 — Velours. — Travail italien. 16e siècle.

3203 — Velours. — Travail italien. 17e siècle.

3204 — Velours. — Travail italien. 16e siècle.

3205 — Velours. — Travail italien. 15e siècle.

3206 — Velours. — Travail italien. 16e siècle.

3207 — Velours. — Travail italien. 16e siècle.

3208 — Velours. — Travail italien. 15e siècle.

3209 — Velours. — Travail italien. 16e siècle.

3210 — Velours. — Travail italien. 16e siècle.

3211 — Velours. — Travail italien. 15e siècle.

3212 — Velours. — Travail italien. 16e siècle.

3213 — Velours. — Travail italien. 15e siècle.

3214 — Velours. — Travail italien. 16e siècle.

3215 — Velours. — Travail italien. 17e siècle.

3216 — Velours. — Travail italien. 17e siècle.

3217 — Brocatelle. — Travail italien. 15e siècle.

3218 — Brocatelle. — Travail italien. 15e siècle.

3219 — Brocatelle. — Travail italien. 16e siècle.

3220 — Damas brocatelle. — Travail italien. 15e siècle.

3221 — Brocatelle. — Travail italien. 15e siècle.

3222 — Brocatelle. — Travail italien. 16e siècle.

3223 — Brocatelle. — Travail italien. 16e siècle.

3224 — Brocatelle. — Travail italien. 16e siècle.

3225 — Brocatelle. — Travail italien. 15e siècle.

3226 — Brocatelle. — Travail italien. 16e siècle.

3227 — Broderie. — Travail français. 16e siècle.

3228 — Drap d'argent. — Travail italien. 15e siècle.

3229 — Tissu de coton. — Travail vénitien. 15e siècle.

3230 — Gaze de coton. — Travail vénitien. 16e siècle.

3231 — Broderie. — Travail espagnol. 16e siècle.

3232 — Broderie. — Travail italien. 16e siècle.

3233 — Broderie. — Travail allemand. 16e siècle.

3234 — Broderie. — Travail italien. 16e siècle.

3235 — Broderie. — Travail allemand. 16e siècle.

3236 — Étamine de coton. — Travail italien. 16e siècle.

3237 — Broderie. — Travail oriental.

3238 — Broderie. — Travail italien. 16e siècle.

3239 — Broderie. — Travail vénitien. 16e siècle.

3240 — Broderie. — Travail vénitien. 16e siècle.

3241 — Broderie. — Travail vénitien. 16e siècle.

3242 — Broderie. — Travail vénitien. 16e siècle.

3243 — Broderie. — Travail vénitien. 16e siècle.

3244 — Broderie. — Travail espagnol. 17e siècle.

3245 — Tissu de coton. — Travail vénitien. 16e siècle.

3246 — Tissu de coton. — Travail vénitien. 16e siècle.

3247 — Tissu de coton. — Travail vénitien. 16e siècle.

3248 — Broderie. — Travail vénitien. 16e siècle.

3249 — Tissu de coton. — Travail vénitien. 16e siècle.

3250 — Broderie. — Travail vénitien. 16e siècle.

3251 — Broderie. — Travail vénitien. 15e siècle.

3252 — Broderie. — 17e siècle.

3253 — Tissu de coton. — Travail italien. 16e siècle.

3254 — Broderie. — Travail vénitien. 16e siècle.

3255 — Broderie. — Travail italien. 14e siècle.

3256 — Guipure. — Travail italien. 16e siècle.

3257 — Broderie. — Travail italien. 16e siècle.

3258 — Broderie. — Travail espagnol.

MINIATURES ET DESSINS

3259 — L'Arbre de Jessé. — École flamande. Fin du 15e siècle.

3260 — La Crucifixion. — École italienne du Nord. Fin du 15e siècle.

3261 — Sujets de piété. — École franco-flamande. 15e siècle.

3262 — La Vierge et l'Enfant Jésus. — Italie. Fin du 16e siècle.

3263 à 3278 — Seize miniatures provenant d'un même manuscrit. — École française. Fin du 15e siècle.

>   (3263) 1° Deux anges adorant la sainte couronne et trois anges portant les instruments de la Passion.

(3264) 2º Sainte Barbe, debout près d'une tour ; sainte Barbe amenée devant le préteur et martyrisée.

(3265) 3º La Crucifixion et deux soldats jouant aux dés les vêtements du Christ.

(3266) 4º Saint Donatien et saint Rogatien parlant à l'empereur et emmenés en prison.

(3267) 5º Saint Étienne prêchant et martyre de saint Étienne.

(3268) 6º Sainte Apolline emmenée en prison et martyrisée.

(3269) 7º Saint Gilles et l'empereur Charlemagne. Saint Gilles percé d'une flèche.

(3270) 8º Saint Julien chassant ; saint Julien tuant son père et sa mère.

(3271) 9º Saint Mandé parlant à un roi et à une reine. Saint Mandé, suivi de religieux et parlant à des serpents.

(3272) 10º La Mise au tombeau.

(3273) 11º Saint Germain d'Auxerre parlant à un âne ; saint Eusèbe et saint Germain.

(3274) 12º Le Baptême du Christ et la Décollation de saint Jean-Baptiste.

(3275) 13º Saint Dominique brûlant les livres des païens.

(3276) 14° Saint Joachim, la Vierge et sainte Anne.

(3277) 15° La Descente de croix. — La Pietà.

(3278) 16° Saint Christophe portant l'Enfant Jésus ; martyre de saint Christophe.

3279 — Portrait d'homme. — École allemande. 16e siècle.

3280 — Portrait d'homme. — École flamande ou allemande. 17e siècle.

3281 — Saint Côme et saint Damien. — École italienne. Commencement du 16e siècle.

3282 — La Décollation de saint Paul. — École italienne. Commencement du 16e siècle.

3283 — Encadrement de miniature. — École florentine. Commencement du 16e siècle.

3284 — L'Annonciation. — Frontispice. École italienne. Commencement du 16e siècle.

3285 — L'Annonciation. — Espagne. 16e siècle.

3286 — Le Repos en Égypte. — École italienne. Commencement du 16e siècle.

3287 — Le Mariage mystique de sainte Catherine. — École italienne. 16e siècle.

3288 — Sainte Cécile entourée de plusieurs saints ou saintes.

3289 — Le Martyre de saint André. — Fin du 16e siècle.

3290 — Quatre saints. — École espagnole. 16e siècle.

3291 — Une Danseuse. — Miniature persane.

3292 — Un Seigneur conduisant un prisonnier. — Miniature persane.

3293 — Cavaliers jouant aux boules. — Miniature persane.

3294 — Portrait de femme. — Miniature persane.

3295 — Portrait de jeune homme. — Crayon. École française. 16e siècle.

3296 — Portrait de femme. — Crayon. École française. 16e siècle.

3297 — Modèle de cuirasse. — École française. 16e siècle.

3298 — Modèle de cuirasse. — École française. 16e siècle.

3299 — Portrait de femme. — École française. 16e siècle.

3300 — Portrait d'homme âgé. — Travail flamand (1640).

3301 — Portrait de la reine Anne d'Autriche. — Travail français. 17e siècle.

3302 — Portrait de femme. — Travail français. Fin du 16e siècle.

3303 — Le Christ et la Vierge. — Travail italien. 17e siècle.

TABLEAUX

3304 — L'Adoration des bergers. — École flamande. 15e siècle.

3305 — Un Saint Évêque. — École allemande. 15e siècle.

3306 — Un Saint Évêque. — École allemande. 15e siècle.

3307 — La Vierge donnant le sein à l'Enfant Jésus. — École flamande. 15e siècle.

3308 — La Vierge donnant le sein à l'Enfant Jésus. — École flamande. 15e siècle.

3309 — La Vierge et l'Enfant Jésus. — École flamande. 16e siècle.

3310 — La Vierge portant l'Enfant Jésus. — École flamande. 15e siècle.

3311 — La Vierge et l'Enfant Jésus. — École flamande. Fin du 15e siècle.

3312 — Triptyque. — 16e siècle.

3313 — Triptyque. — 16e siècle.

3314 — Triptyque. — École allemande. 16e siècle.

3315 — Portrait d'Henri VIII, roi d'Angleterre. — École flamande. 16e siècle.

3316 — Portrait de femme. — École allemande. 16e siècle.

3317 — Portrait de J. Siiowck, femme de Scelto Van Liiaukama. — École flamande. 16e siècle.

3318 — Portrait de Scelto Van Liiaukama. — École flamande. 16e siècle.

3319 — Portrait de jeune femme. — Travail flamand. Commencement du 16e siècle.

3320 — Portrait d'homme. — École italienne. 16e siècle.

3321 — Portrait de la reine Catherine de Médicis. — École française. 16e siècle.

3322 — Portrait de Louis XII, roi de France. — Commencement du 16e siècle.

3323 — Portrait d'homme. — École flamande. Commencement du 16e siècle.

3324 — Portrait de Jacques de Savoie, comte de Romont. — Fin du 15e siècle.

3325 — Portrait d'Étienne de Witt. — École flamande. 17e siècle.

3326 — Portrait de Charles IX. — École française. 16e siècle.

3327 — La Vierge et l'Enfant Jésus. — École flamande. 15e siècle.

3328 — Portrait d'un réformateur. — École française. 16e siècle.

3329 — Portrait d'homme. — École française. 16e siècle.

3330 — Portrait d'homme. — 16e siècle.

3331 — La Fortune debout sur le globe du monde.

3332 — Portrait du roi Charles IX. — École française. 16e siècle.

3333 — Portrait de Baudouine d'Arestel. — Cuivre (1581).

3334 — Portrait de Georges Frédéric, comte de Hohenloe. — École allemande. 17e siècle.

3335 — Portrait de femme âgée. — Travail allemand ou flamand. Fin du 15e siècle.

3336 — L'Adoration des Mages. — Travail français. 16e siècle.

3337 — Portrait de N., princesse Orsini. — École italienne. Fin du 16e siècle.

3338 — Portrait d'une princesse de la famille Orsini. — École italienne. Fin du 16e siècle.

3339 — Portrait d'homme. — 16e siècle.

3340 — Portrait d'homme. — 16e siècle.

3341 — La Vierge et l'Enfant Jésus. — École flamande. 15e siècle.

3342 — Scipion l'Africain. — Panneau. École italienne. 15e siècle.

3343 — Un Triomphe. — Devant de coffre. Travail florentin. 15e siècle.

3344 — Triptyque. — École siennoise. 15e siècle.

CUIVRES D'ORIENT

3345 — Flambeau de mosquée. — Bronze. 15e siècle.

3346 — Flambeau de mosquée. — Bronze. 15e siècle.

3347 — Brûle-parfums. — Bronze. Travail persan.

3348 — Flambeau. — Bronze. 15e siècle.

SUPPLÉMENT

VITRAUX

3349 — Grand panneau. — Travail allemand. 15e siècle.

3350 — Grand panneau. — Travail allemand. 15e siècle.

3351 — Grand panneau. — Travail allemand. 15e siècle.

3352 — Grand panneau. — Travail allemand. 15e siècle.

3353 — Grand panneau. — Travail allemand. 15e siècle.

3354 — Grand panneau. — Travail allemand. 15e siècle.

3355 — Grand panneau. — Travail allemand. 15e siècle.

3356 — Grand panneau. — Travail allemand. 15e siècle.

3357 — Grand panneau. — Travail allemand. 15e siècle.

3358 — Grand panneau. — Travail allemand. 15e siècle.

3359 — Grand panneau. — Travail allemand. 15e siècle.

3360 — Grand panneau. — Travail allemand. 15e siècle.

3361 — Petit panneau. — Travail allemand. 15e siècle.

3362 — Petit panneau. — Travail allemand. 15e siècle.

3363 — Petit panneau. — Travail allemand. 15e siècle.

3364 — Grand panneau. — Travail allemand. 15e siècle.

3365 — Grand panneau. — Travail allemand. 15e siècle.

3366 — Grand panneau. — Travail allemand. 15e siècle.

3367 — Grand panneau. — Travail allemand. 15e siècle.

3368 — Grand panneau. — Travail allemand. 15e siècle.

3369 — Grand panneau. — Travail allemand. 15e siècle.

www.ingramcontent.com/pod-product-compliance
Lightning Source LLC
Chambersburg PA
CBHW050324170426
43200CB00009BA/1456